# 教室の困っている発達障害をもつ子どもの理解と認知的アプローチ

非行少年の支援から学ぶ学校支援

宮口幸治

著

明石書店

# はじめに

## なぜ非行少年と学校教育なのか？

「非行少年たちはこんなところにつまずいていたのか。医療少年院にいる非行少年の実情を知り、そこから学んだ気づきや支援のヒントをぜひ教育現場で活用して欲しい」――それがこの本を書こうと思ったきっかけです。彼らはだいたい小学校2年生くらいからさまざまな不適応のサインを出し始めます。しかし周囲に気づかれない、いじめに遭う、虐待がある、などによって子どもたちは理解されないまま被害体験を重ね、そのうえ必要な支援も受けられず、人とつながらず、を繰り返し、その結果、そのような子どもたちが最終的に行きついたところが少年院だったのです。

彼らの悲鳴とも言えるサインを教育現場で早い段階でキャッチし適切に支援とつながっていたら、彼らは加害者にもならなかったし被害者も生まれなかったかもしれません。どのような悲鳴だったのか、どのような支援が必要だったのか、これらを本書の中でお伝えしていきたいと思います。

## 本書の特徴

私が以前勤務していた医療少年院の発達障害をもった非行少年たちから学んだことを、教育現場にフィードバックできるよう以下の2つの視点でまとめてあります。

### ① 発達障害をもった非行少年の背景がもとになっている

今や発達障害は教育現場で困っている子どもの代表といってもいいでしょう。また子どもの非行は支援者の頭を悩ます大きな課題です。もし発達障害をもった子どもへの支援がうまくいかず非行化してしまったら教育現場では究極に対応困難な子どもと言えます。医療少年院はまさにそういった少年たちが集まる場所であり、彼らの

背景を知ることは支援の大きなヒントになると思います（下図のフィードバック①：本書Part 1）。

### ② 子どもの認知力に着目した新しい具体的な支援方法を紹介

発達障害のことを理解する、という書籍はすでに数多く出版されていますが、「ではどうしたらいいのか？」に対して具体的・実践的な手法が書かれた書籍はまだほとんど見当たりません。発達障害は認知機能の問題でもあり、支援に当たってはそこにアプローチすることが大きな鍵になってきます。本書は、認知機能に着目し医療少年院での治療・教育をもとに開発された具体的な方法について、教育現場の子どもたちへの支援の新たな活路として役立てるよう紹介しています（下図のフィードバック②：本書Part 2）。

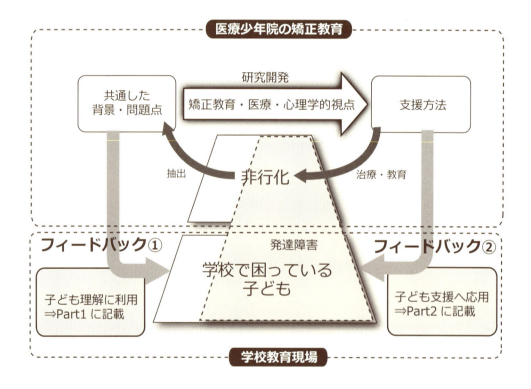

## 本書の構成と使い方

Part 1では、発達障害をもった非行少年は何が問題になっていたのかをお伝えし、非行少年や教育現場で不適応症状を呈する子ども

に共通する背景と理解の仕方について、《5点セット＋1》（①認知機能の弱さ、②感情統制の弱さ、③融通の利かなさ、④不適切な自己評価、⑤対人スキルの乏しさ＋身体的不器用さ）に沿って事例を交えながら、さらに性の問題行動や生育環境の問題、支援者の誤解について説明しています。

　Part 2では、《5点セット＋1》に対応する具体的な支援方法（社会面、学習面、身体面からの支援）の概要と家庭への支援、支援者支援について学校教育現場・施設などで使用できるものを紹介しています。なお、具体的な支援内容についてより深くお知りになりたい場合は以下の書籍をご参照ください。

【認知機能の弱さ】
　⇒『コグトレ──みる・きく・想像するための認知機能強化トレーニング』（三輪書店）

【感情統制の弱さ】【融通の利かなさ】【不適切な自己評価】【対人スキルの乏しさ】
　⇒『1日5分！　教室で使えるコグトレ──困っている子どもを支援する認知トレーニング122』（東洋館出版社）

【身体的不器用さ】
　⇒『不器用な子どもたちへの認知作業トレーニング』（三輪書店）

【性の問題行動】
　⇒『性の問題行動をもつ子どものためのワークブック──発達障害・知的障害のある児童・青年の理解と支援』（明石書店）


　支援者の皆様にとりまして、本書が困っている子どもたちの理解と具体的支援のヒントとなり、加害者や被害者となる子どもたちを一人でも減らせることにお役に立てるよう願っております。最後になりましたが、本企画を理解し執筆の機会をいただきました明石書店の森本直樹様に心より感謝申し上げます。

　平成29年1月

立命館大学　児童精神科医
宮口幸治

# 目　次

はじめに……………………………………………………………………3

## Part 1
## 障害をもった非行少年の特徴と学校で困っている子どもの背景

### ❶ 何が問題になっていたのか……………………14

医療少年院に赴任して………………………………………………………14
医療少年院の非行少年たちは病院とは全く違うことが問題となっていた …14
みる力やきく力の弱さは被害感にもつながる……………………………16
ケーキが切れない非行少年たち……………………………………………16
特別な支援が必要な非行少年の実態………………………………………18
子どもが少年院に行くのは"教育の敗北"…………………………………19
彼らは手遅れなのか？………………………………………………………21
学校で困っている子どものさまざまな行動………………………………22
困っている子どもの特徴《5点セット+1》………………………………23

### ❷ 認知機能の弱さ……………………………………25

認知機能とは？………………………………………………………………25
もし認知機能が弱ければ？…………………………………………………25
きく力、みる力が弱ければ？………………………………………………26
想像力が弱ければ努力できない……………………………………………27
非行の反省もできない………………………………………………………28

### ❸ 感情統制の弱さ……………………………………30

キレやすい子ども……………………………………………………………30

ある性非行少年の背景……………………………………………31
"怒り"の背景……………………………………………………32
"怒り"は冷静な思考を止める…………………………………33
感情は多くの行動の動機づけ…………………………………34

## ❹ 融通の利かなさ……………………………36
思考の硬さと不適切な行動……………………………………36
被害感が強まって不適切な行動にも…………………………39

## ❺ 不適切な自己評価…………………………40
自分のいいところは"優しいところ"…………………………40
なぜ自己評価が不適切になるのか？…………………………42
適切な自己評価が自分を変える………………………………43

## ❻ 対人スキルの乏しさ………………………46
対人スキルの乏しさとその背景………………………………46
嫌われないように非行をする…………………………………47
サービス業にもつきにくい……………………………………48
性の問題行動につながることも………………………………48
イジメ被害が性非行を生む……………………………………49

## ❼ 身体的不器用さ……………………………50
不器用な非行少年たちは致命的………………………………50
身体的不器用さとは？…………………………………………52
不器用さは周りに知られてしまう……………………………52
身体的不器用さの特徴と背景…………………………………53

## 8 性の問題行動··········································55

発達障害、知的障害をもった性加害少年は最難関·········55
そもそも性の問題行動とは何か？···························56
性加害の問題点·············································57
性に必要なコミュニケーション力とは？···················59
ブレーキをかける力とは？·································60
本人の自覚がない性被害も·································61
性のマナーは価値観によるところもある···················62
性教育から性の問題行動の教育へ··························62

## 9 生育環境の問題と支援者の誤解···············64

不適切養育と非行·········································64
保護者の理解の乏しさ·····································65
加害者の保護者···········································65
支援者の誤解·············································66

# Part 2
## 具体的支援と学校教育との連携

## 1 非行少年たちが変わるとき···················70

非行少年たちはこんなときに変わった·····················70
共通するのは自己評価の高まりと気づき···················72
やる気のない少年たちが変わった·························73
子どもから嫌われないこと·································75
３方向からの子どもの具体的支援·························75

## 2 社会面への支援·····························77

３つのトレーニング·······································77
　① 感情トレーニング──77

② 対人マナートレーニング── 83

③ 問題解決トレーニング── 87

**③ 学習面への支援**··················92

認知機能向上への支援·····························92

COGET（認知機能強化トレーニング）の活用·······························93

① 写す［点つなぎ：みる力（視覚認知）の基礎力をつけます］── 93

② 覚える［最初とポン：きく力（聴覚のワーキングメモリ）をトレーニングします］── 94

③ 数える［記号さがし：注意・集中力、ブレーキをかける力、処理速度の向上を目指します］── 94

④ 見つける［形さがし：黒板を写せるなど、形の恒常性の力をつけます］── 95

⑤ 想像する［心で回転：相手の立場を想像するなど、心的回転力の力をつけます］── 95

COGET（認知機能強化トレーニング）の活用例·······················96

① 「写す」の例── 96

② 「見つける」の例── 97

③ 「覚える」の例── 98

④ 「数える」の例── 98

COGET による機能的アプローチの効果·································100

**④ 身体面への支援**··················102

認知作業トレーニング COGOT·································102

自分の身体·······················································103

① 身体を知る［ボディイメージ・バランス感覚の向上］── 103

② 力加減を知る［筋力調整］── 104

③ 動きを変える［身体的注意力の向上］── 104

物と自分の身体·······································105

④ 物をコントロールする［協調運動（粗大運動）の向上］── 105

⑤ 指先を使う［協調運動（微細運動）の向上］── 106

人の身体と自分の身体·······································107

⑥ 動きを真似る［動作の記憶］── 107

⑦ 動きを言葉で伝える［動作の言語化］——108

## ❺ 家庭への支援……………………………110
保護者が嫌う言葉……………………………………………110

## ❻ 支援者支援………………………………112
職場の理解……………………………………………………112
教師の権威の低下……………………………………………113
教師の評価……………………………………………………114

カバー・本文イラスト　今井ちひろ

# Part 1

## 障害をもった非行少年の特徴と学校で困っている子どもの背景

# 1 何が問題になっていたのか

### 医療少年院に赴任して

　私は平成21年から法務省矯正局Ａ医療少年院に６年間、その後、女子少年院に１年余り法務技官として勤務してきました。Ａ医療少年院は特に手がかかると言われている発達障害・知的障害をもった少年が収容されるいわば少年院版特別支援学校といった位置づけです。全国にこのような少年院は３カ所（神奈川の神奈川医療少年院、三重の宮川医療少年院、大分の中津少年院）あります。非行のタイプは窃盗・恐喝、暴行・傷害、強制わいせつ、放火、殺人まで、あらゆる犯罪を行った少年たちがいます。

　少年院に勤務するまでは公立精神科病院に児童精神科医として勤務し、その間は外来・病棟診療が主で、精神疾患や発達障害をもった子どもの見立てを学校の先生にお伝えしたりするくらいで、学校教育との関係はほとんど皆無でした。ところが医療では問題の解決しない非行少年たち、精神鑑定が必要な非行少年たちに数多く出会う度に、診察室内での短時間の精神療法や投薬といった治療ではほとんど対応できない状況に悶々としたものを感じていました。発達上の課題をもった非行少年に具体的にどう対応していいのか分からなかったのです。

　病院だけではできることが限られますし、また病院以外の世界が分からないのです。そこで思い悩んだ末、医療現場から離れ、平成21年よりＡ医療少年院に赴任しました。

### 医療少年院の非行少年たちは病院とは全く違うことが問題となっていた

　Ａ医療少年院に勤務してすぐに、その中で最も手がかかる少年たちの診察を頼まれました。すぐにキレて粗暴行為を何度も起こしている少年、教官の指示に従わずトラブルばかり起こし単独室に入れられている少年たちでした。そこで生涯忘れ得ないとても衝撃的な

ことが起きました。私が診察の中でルーチンとして行っていたRey複雑図形の模写という課題があります。これは図1-1にある複雑図形を見ながら手元の紙に写すという課題です。神経心理学検査の一つで視覚認知の力や写す際の計画力などをみることができます。これを暴行・傷害事件で入所してきたある16歳の少年にやらせてみました。すると彼は意外とすんなりと課題に一生懸命取り組んでくれたのですが、図1-2のようなものを描き始めたのです。

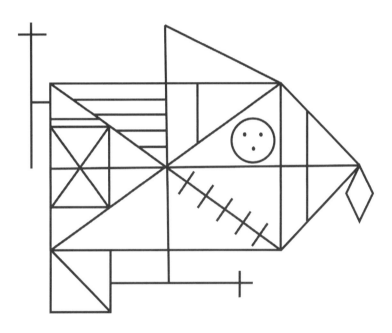

**図1-1　Reyの複雑図形**

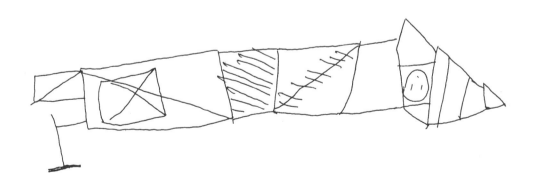

**図1-2　16歳男子の模写したものを同様に再現**

これを見た時のショックはいまだに忘れられません。私がそれまでもっていた発達障害のイメージがガラガラと崩れました。「これは一体何だ？　どう見たらこんな絵になってしまうのか」と。彼は暴行・傷害事件を繰り返し、学校で暴れ、地域でももう手の付けられない非行少年として少年院に送られてきたのでした。

人によっては、「写すのが苦手なのですね」と言われるかもしれません。しかし背景はそんな単純ではないのです。Rey の図の見本が模写したように歪んで見えているということは、**「世の中のことすべてが歪んで見えている可能性がある」**ということなのです。そして、みる力がこれだけ弱いと同様にきく力も弱くて、我々の言うことがほとんど聞き取れないか、聞き取れても歪んで聞こえている可能性もあるのです。彼がこれまで社会でどれだけ生きにくい生活をしてきたのかが伝わってきました。そして私は感じました。**「ひょっとしてこれが彼らの非行の原因になっているのではないか」**と。

### ♻ みる力やきく力の弱さは被害感にもつながる

例えば、傷害事件のきっかけとして「相手がにらんできたから」という理由をよく聞きます。少年院生活の中でも他の少年に対して「あいつはいつも僕の顔を見てニヤニヤする」「にらんできた」という訴えも本当によく聞きました。しかし実際に相手の少年に確かめてみると、その少年を見てニヤニヤしたりにらんだりしたことはなく、一体何のことかまったく分からないといった状況でした。みる力の弱さで、相手がにらんでいるように見えたり、馬鹿にされているように感じ取ったりして被害感を強めているのです。これはみる力の問題だけではありません。当然きく力も弱いことが想定されます。きく力が弱いと、相手がブツブツと独り言を言っていても「あいつが俺の悪口を言っている」といった誤解にもつながるのです。

### ♻ ケーキが切れない非行少年たち

そこで他にいろいろと調べていきますと、驚くことが次々と出てきました。その一つが**「ケーキが切れない」**ことでした。ある時、少年たちの診察時に、机の上に置いた A4 の紙に丸い円を描いて、「ここに丸いケーキがあります。3 人で食べるときに皆が平等になるように切ってください」という問題を出してみました。すると、

非行少年の中のかなりの割合で、図1－3のような切り方をしたのです。次に「では5人で食べるときは？」と訊ねて、彼らが切ったのが図1－4のような状態でした。

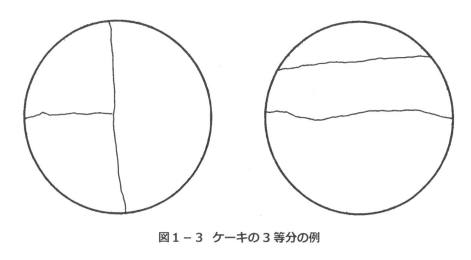

図1－3 ケーキの3等分の例

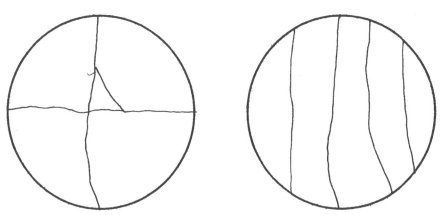

図1－4 ケーキの5等分の例

これらの切り方は小学校低学年の子どもたちの中にも時々みられますが、問題なのは重大犯罪を起こしている中学生・高校生の年齢の非行少年たちが描いていることなのです。ここからも、こういったケーキの切り方しかできない少年たちが、これまでどれだけ多くの挫折を経験してきたことか、そしてこの社会がどれだけ生きにくかったことかが容易に想像されるのです。しかし、さらに問題と私が感じたのは、そういった彼らに対して、

> ①　小学校や中学校でその生きにくさが気づかれてこなかった
> こと
> ②　特別な配慮がなされてこなかったこと

そして不適応を起こし非行化し、最後の行きついた少年院においても理解されず、

> ③　非行に対してひたすら"反省"を強いられていたこと

でした。①②は一般的に２次障害と言われているものですが、③は３次障害とも言えるのではないかと思います。

　私はすぐに少年院の幹部を含む教官たちにも図1－2を見せたのですが、皆もとても驚き、「これならいくら説教しても無理だ」といった様子でした。ベテランの教官たちがどうしてこれまでこういった事実を知らなかったのかが不思議でした。長年少年たちと接していても、こういう面にはまったく気づいていなかったのか、または気づいていてもこんなものだと思ってしまったのか。私には、最初は驚いてもそのうち慣れてしまって当たり前のように流したりしていたと思われました。同じような状況は学校教育でも当てはまるかもしれません。

## 特別な支援が必要な非行少年の実態

　少年院在院少年たちの幼少期からの調書を読んでみますと、彼らは少年院に入るまでに、これでもか、これでもかというくらい非行を繰り返しています。ですので、A医療少年院に赴任したての頃は、凶暴な連中ばかりでいきなり殴られるのではないか、といつも身構えていました。しかし実際は人懐っこくて、どうしてこんな子が？と思える子もいました。そして一番ショックだったのが、

○　簡単な足し算や引き算ができない。
○　漢字が読めない。
○　簡単な図形を写せない。
○　短い文章すら復唱できない。

といった少年が大勢いたことでした。みる力、きく力、見えない
ものを想像する力がとても弱く、そのせいで聞き間違えたり、周り
の状況が読めなくて対人関係で失敗したり、被害的になったりして
いたのです。そしてそれが非行の原因にもなっていることを知った
のです。

その他にも、高校生なのに九九を知らない、不器用で力加減がで
きない、日本地図を出して「自分の住んでいたところはどこ？」と
聞いても分からないのです。北海道は大体みんな分かるのですが、
九州を指さして「これは何？」と聞くと、「外国です。中国です」
と答えた少年もいます。ひどくなると日本地図を見せても、「これ
は何の図形ですか？　見たことないです」という少年もいます。そ
んな彼らですから、「今の総理大臣は誰？」と聞いても、安倍総理
（平成29年1月現在）の名前が出てくる少年は滅多にいません。し
ばらく考えて、「あ、先生、分かりました、オバマです」と答えた
りします。同年代の一般の少年たちと比べて想像できないような不
器用さをもっていました。そのような彼らに「苦手なことは？」と
聞いてみます。するとみんな口を揃えて「勉強」「人と話すこと」
と答えます。

## 子どもが少年院に行くのは "教育の敗北"

では彼らは、**いったい学校でどんな生活を送っていたのだろう？**
ととても気になりました。彼らの生育歴を調べてみますと、大体、
**小学校2年生**くらいから勉強についていけなくなり、友だちから馬
鹿にされ、いじめにあったり、先生からは不真面目だと思われ、さ
らに家庭内で虐待があったりします。そして学校に行かなくなった
り、暴力や万引きなどさまざまな問題行動を起こしたりし始めます。
中学生になるともう手がつけられません。ついには犯罪を行って被
害者を作り、逮捕され、少年鑑別所に入って、そこで初めてこの子
には障害があったのだといったことに気づかれるのでした。**学校や
家庭で長い間、障害などのハンディに気づかれず、特別支援教育な
どの特別な配慮を受ける機会を失い、自信をなくして非行化してい
る実態がありました。**

図1−5はそんな彼らが自分のこれまでの人生を表した "人生山

あり谷ありマップ"です。縦軸の上方向に良かったこと、下方向に悪かったこと、横軸は右方向に時間です。小学校2〜4年まで学校をよく遅刻し万引きしていた少年が、小学校5年になりとても熱心な先生に出会え、「勉強が面白い」「学校が楽しい」と感じるまでになりました。しかし彼の人生は中学に入って急降下していきます。「学校を遅刻」「学校をさぼる」「悪いことをして逮捕される」などして、少年院に入ることになってしまいました。きっと小学校5年時の担任の先生にとったらこの子はとてもやり甲斐のある子どもだったはずです。しかし、どうして中学校に入って急降下したのでしょうか？

実際に少年に聞いてみたところ、

「中学に入ったらまったく勉強が分からなくなった。でも誰も教えてくれなかった。勉強が分からないので学校が面白くなくなり、さぼるようになった」

と答えました。それで非行化していったのです。つまりこの少年

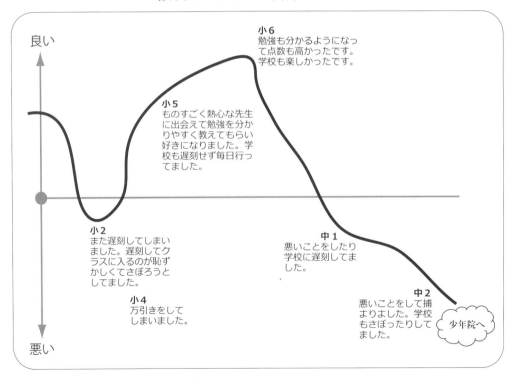

図1−5　人生山あり谷ありマップ

の場合、**中学校で誰か熱心に勉強への指導をしてくれていたら非行化しなかったでしょうし、被害者も生まれなかったのです。**非行化を防ぐためにも勉強への支援がとても大切だと感じた一例でした。

　非行は突然降ってきません。生まれてから現在の非行まですべてつながっています。もちろん、親が、学校が、地域がさまざまな場面で関わってきた例もあります。でもその支援がうまくいかず、を繰り返し、どうにも手に負えなくなった少年たち。そのような子どもたちが最終的に行き着くところが少年院なのです。厳しい言い方をすれば、子どもが少年院に行くということはまさに"**教育の敗北**"だと感じるのです。

### ♻ 彼らは手遅れなのか？

　世間では少年院に行くような少年は、手がつけられず、もうどうしようもないと思われているかもしれません。彼らを変えることはできないでしょうか？　本当に彼らは勉強嫌いなのでしょうか？

　決してそうではありません。私はこれまで少年院で彼らが苦手とする、みる力やきく力のトレーニングなどのグループ指導を行ってきましたが、彼らはほぼ全員が2時間飽きることなく集中して取り組めたのです。私が気をつかって彼らをリラックスさせようと雑談などしますと、

　「先生、時間がなくなるから早くしましょう」

　と逆に叱られたりしました。外部から見学に来られた先生方も、逮捕直後の彼らと比べて、「まさか2時間もじっと座っていられるなんて信じられない」と言われることもありました。少年院でのトレーニングの噂を聞いた他の非行少年たちが、

　「僕は馬鹿には自信があるんです。僕もぜひ仲間に入れてください」

　と頼んできます。**少年たちは学ぶことに飢えていたのです。認められることに飢えていたのです。**確かに少年院という強力な枠があります。学校教育では枠が緩く難しいかもしれません。しかし、やり方次第で非行少年たちはまだいくらでも変わる可能性があることを教えてもらいました。

　学校教育において、地域社会において何が問題だったのか、どうすれば非行を防げたのか、そのような非行化した少年たちに対して

どのような教育が効果があるのか。そして**今、同じようなリスクをもっている子どもたちにどのような教育ができるのか、これらを学校教育現場に少しでもフィードバックし連携すること**、それが本書の目的です。

 **学校で困っている子どものさまざまな行動**

　学校教育現場で先生方が頭を抱える子どもの行動はさまざまです。私は、幼稚園から小学校・中学校で学校コンサルテーションや教育相談・発達相談などを行っていますが、そこで挙がってくる子どものケースは、発達や学習の遅れ、発達障害、自傷行為、粗暴行為、いじめ、不登校、非行、親の不適切養育などの課題が入り混じり複雑な様相を呈しています。例えば次のような子どもの特徴は相談ケースとしてよく挙がってきます。

- 感情コントロールが苦手ですぐにカッとなる。
- 人とのコミュニケーションがうまくいかない。
- 集団行動ができない。
- 忘れ物が多い。
- 集中できない。
- 勉強のやる気がない。
- やりたくないことをしない。
- じっと座っていられない。
- 身体の使い方が不器用。
- 自信がない。
- 先生の注意を聞けない。
- その場に応じた対応ができない。
- 嫌なことから逃げる。
- 漢字がなかなか覚えられない。etc.

　しかし、実はこれらの特徴は学校だけでなく、**少年院にいる非行少年の特徴とほぼ同じ**なのです。少年院に入る少年たちが特別にひどいのではなく、彼らはこういったサインを小学校・中学校にいる時から出し続けていたのです。

##  困っている子どもの特徴《5点セット＋1》

　コミュニケーションが下手で対人関係も苦手、融通が利かない、すぐに感情的になる、相手のことを考えずに行動してしまう……。質や程度の差はあれ、これらの非行少年の特徴は困っている子どもたちと共通した課題だと私は感じています。そしてこれらにはいくつかに分類できる類似点があります。以下に、これまでに私が出会ってきた非行少年たち、小・中学校の子どもたちの中から"困っている子ども"の特徴の背景にあるものを6つに分類し、**困っている子どもの特徴《5点セット＋1》**としてまとめました。保護者の養育上の問題は別として、これらの組み合わせで"困っている子ども"の特徴がすべてどこかに当てはまるはずです。

---

①　**認知機能の弱さ**：みたりきいたり想像する力が弱くてそもそも教育を受ける土台が弱い。

②　**感情統制の弱さ**：感情をコントロールするのが苦手。すぐにキレる。

③　**融通の利かなさ**：何でも思いつきでやってしまう。予想外のことに弱い。

④　**不適切な自己評価**：自分の問題点が分からない。自信があり過ぎる、なさすぎる。

⑤　**対人スキルの乏しさ**：人とのコミュニケーションが苦手。

＋1　**身体的不器用さ**：力加減ができない、身体の使い方が不器用。

---

　本節以降、Part 1の第2節〜第7節では、この《5点セット＋1》それぞれについて詳しく説明していきます。なお「＋1」の身体的不器用さについては、小さい頃からスポーツ等を経験し身体機能が優れ、不器用さが当てはまらないケースもあるため、あえて「＋1」としています。

　Part 2ではこの《5点セット＋1》に対して、具体的にどう対処していけばいいのかを少年院教育での知見を学校教育に応用できる形でご紹介していきます。

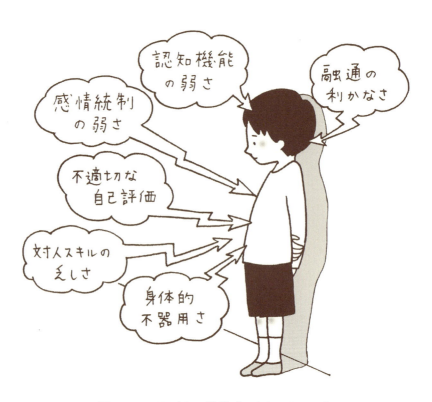

困っている子どもの特徴《5点セット＋1》

# 認知機能の弱さ

- みる力、きく力、想像する力が弱く、気づきが少ない。
- 何度注意しても深まらない、積み重ねができない。
- 不注意なことが多い。
- ウソ・誤魔化しが多い、周囲をみて適切な行動がとれない。
- みんなから避けられている、馬鹿にされていると思い被害的になる。
- 目標が定められず努力できない。

 認知機能とは？

　　認知機能とは、記憶、知覚、注意、言語理解、判断・推論といったいくつかの要素が含まれた知的機能を指します。人は五感（みる、きく、触れる、匂う、味わう）を通して外部環境から情報を得ます。そして得られた情報を整理し、それを基に計画を立て実行し、さまざまな結果を作りだしていく過程で必要な能力が認知機能です（図1－6）。つまり**認知機能は、受動・能動を問わず、すべての行動の基盤でもあり、教育・支援を受ける土台でもあるのです。**

 もし認知機能が弱ければ？

　　しかし、もし五感から入った情報がすでに間違っていたり、受け取った情報を間違って整理したり、情報の一部しか受け取らないな

どすればどうなるでしょうか？　学校教育現場では、「匂う」「触れる」「味わう」を使うことは少なく、ほとんどが「みる」力、「きく」力を通して情報が伝えられます。もし、ここで、「みる」力、「きく」力が図1－7のように歪んでいたらどうなるしょうか。また「みる」「きく」の情報が正しく入ったとしても間違って整理（認知）していたらどうなるでしょうか。こちらが伝えたい情報が正確に子どもに伝わらず支援が空回りしたり、また子どもがどんなに一生懸命計画を立てて頑張っても、すでに情報が歪んでいるので結果は違った方向に進んだりしてしまいます。また「みる」力、「きく」力を補う「想像する」力が弱いとそれらを修正することもうまくいきません。これが認知機能の弱さが引き起こす"不適切な行動"につながっていると考えられるのです。

図1－6

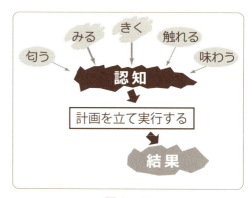
図1－7

### きく力、みる力が弱ければ？

きく力の弱さからは、例えば、学校で先生が、

「算数の教科書の28ページをあけて5番の問題をやりなさい」

と言ってもその指示が聞き取れず、何とか算数の教科書の28ページを開けたとしても、何番の問題かまでは聞き取れないかもしれません。そこでどうしていいか分からず周りをキョロキョロしたりボーっとしたりして、不真面目に見えるかもしれません。
　また何か注意しても、すぐに「はい。分かりました」と素直に聞

くのですが、しばらくするとまた同じことをして注意される子ども
もいます。こういう場合には、「ではどういうこと？」と聞き返し
てみましょう。おそらく正確には答えられないばかりか、まったく
違った内容を答えたりもします。実際は、先生の言っていることが
聞き取れない、理解できないのに、**先生にまた怒られるのが嫌で分
かったふりをしてしまう**のです。そのために周りからあの子は「ふ
ざけている」「やる気がない」「ウソをつく」と誤解されてしまうこ
ともあります。

　さらに、みる力の弱さからは、文字や行の読み飛ばしが多い、漢
字が覚えられない、黒板が写せない（先生が次々に書いていくと、
どこを追加したか分からない）といった学習面の弱さに加え、周囲
の状況や空気を適切に読めないため、「自分は皆から避けられてい
る」「自分だけ損をしている」など**被害感や不公平感を募らせる**こ
ともあります。

## ♻ 想像力が弱ければ努力できない

　見えないものを想像する力の中で大切なものに"**時間の概念**"が
あります。時間の概念が弱い子どもは「昨日」「今日」「明日」の３
日間の世界だけで生きています。場合によっては数分先のことすら
管理できない子どももいます。ですので、


　「１カ月後の部活の試合や定期試験に向けて頑張る」
　「今我慢したらいつかいいことがある」
　「将来、○○になりたいから頑張ろう！」


といった具体的な目標を立てるのが難しいのです。目標が立てら
れないと人は努力しなくなります。努力しないとどうなるでしょう
か。２つ困ったことが生じます。一つは、**成功体験がないため、い
つまでも自信がもてず自尊感情が低下したまま**です。

　もう一つは"**他人の努力が理解できない**"ことです。例えば非行
少年の中には原付バイクを簡単に盗む少年が大勢います。原付バイ
クは新車で買うと15〜20万円くらいしますが、それを買うためには
例えばアルバイトで稼ぐとしてもそう簡単には手に入りません。人
によっては何カ月も生活を切り詰め一生懸命働いてやっと買った原

付バイクだったりします。しかし、人の努力が理解できないとそうして買った原付バイクを簡単に盗んでしまったりするのです。何カ月も働いて手に入れた努力の結晶が理解できないから起こる行動なのです。

またさらに、今これをしたらこの先どうなるだろうといった予想も立てられず、その時がよければいいなど後先のことを考えずに周りに流されてしまったりします。これらのように、認知機能の弱さは勉強が苦手というだけではなく、さまざまな不適切な行動につながる可能性があるのです。

### 非行の反省もできない

さらに認知機能が弱い非行少年は、矯正教育を行っても積み重ねができない、つまり今日はここまで学んだから、今度はここからと思っても、またゼロに戻っている、など教育が空回りしてしまうことが生じてしまいます。被害者の手記などを読ませても、

「この被害者は何を言っているのか難しすぎて分かりません」

と答え、"首をかしげている""分かったと答えてもまったく異なる理解をしている"といった状況なのです。少年たちは決してふざけているわけではないのですが、こちらが伝えたいことが伝わらないという状態です。ですので、矯正教育においても本人たちの発達レベルに応じたみる力やきく力といった、もっと根本的なところから教育をしていく必要があるのです。学校教育においても同じで、**悪いことをして反省させる前に、その子がそもそも何が悪かったのかを理解できる力があるのか、これからどうしたらいいのかを考える力があるのかを確かめ、その力がないなら本人の認知の力を向上させることが先**なのです。でないと、理由が分からず注意や指導を受け続けることになり、単に自尊感情の低下を招くだけになってしまうからです。

» 具体的な支援方法は、Part 2 の第 3 節「学習面への支援」へ。

# 3 感情統制の弱さ

- 感情の言語化が苦手。
- すぐにカッとなる、衝動的になる。
- 自分の心の中で何が起こっているのかが分からない。
- 相手への要求が高い。
- ストレスを抱え込んでしまう。

 **キレやすい子ども**

　　　　　人の感情は大脳新皮質より下位部位の大脳辺縁系が関与しているとされています。五感を通して入った情報が認知の過程に入る際に感情というフィルターを通りますので、感情の統制がうまくいかないと認知過程にもさまざまな影響を及ぼします。我々大人でも感情的になると冷静な判断がしにくくなるのはこのためです。したがって感情統制の弱さは不適切な行動にもつながっていきます。
　　　気持ちを言葉で表すのが苦手、すぐ「イライラする」と言う、カッとするとすぐに暴力や暴言が出る、という子どもたちがいます。こういった子どもたちは何か不快なことがあると心の中でモヤモヤしますが、自分の心の中でいったい何が起きているのか、どんな感情が生じているのかが理解できず、このモヤモヤが蓄積しやがてストレスへと変わっていきます。ふつう時間が経てばストレスは次第に減っていきますが、不快なことが続けばどんどんとストレスが溜

まっていきます。するとそれを発散せねばなりません。その発散方法を間違えれば非行につながることがあるのです。

### ♻ ある性非行少年の背景

　特に性非行を行う少年たちの中には、ストレスをいっぱい溜めこんでいるケースが多い印象があります。A医療少年院では性非行少年がいつも多くの割合を占めていました。そしてほぼ例外なく（95％くらい）彼らは小学校や中学校でいじめ被害に遭っていました。いじめ被害で計り知れないストレスを溜め、その発散に異性（特に幼児）への猥褻行為を繰り返していたというケースがほとんどでした。いじめ被害者は新たな被害者を生んでいたのです。

　ある性非行少年で感情を表現するのがとても苦手な少年に、「気持ちの日記」というものを書かせたことがありました。〈よかったこと―そのときの気持ち〉〈悪かったこと―そのときの気持ち〉といった欄をもうけてそこに日記形式で出来事と気持ちを書くという簡単なものでしたが、開始してから10日間は、「何もありません」ばかり続きました。やはり書けないのかと諦めかけましたが、もう少し続けてみました。そうすると11日目から〈悪かったこと―そのときの気持ち〉の欄にとても小さな字で枠いっぱいにびっしりと書き始めたのです。そこには以下のようなことが書き連ねてありました。

○　「僕はみんなと同じように掃除をやっていたのに、先生は僕だけしていないと言ったのでむかついた」
○　「なんで先生は僕ばかり注意するのか腹がたった」
○　「電話がなっていたので先生に教えてあげたのにやかましいと言われた。親切に教えたのにむかついた」

　このような不平不満がそれから毎日続きました。しかし彼は決してこれらを言葉に出すこともなく怒りを悶々と溜めていたのでした。この傾向は学校生活でいじめに遭っていた頃からもっていたと思われ、彼はそのストレス発散のために毎日のように小さい女の子を見つけ公衆トイレなどに引きずり込み猥褻行為を続けていたのでした。

## "怒り"の背景

感情の中で最も厄介なのはやはり"怒り"です。では、怒りの原因は何でしょうか？ 非行少年のみならず一般の学校の子どもたちにも多く、しかも対人トラブルのもとになるのが、「馬鹿にされた」と「自分の思い通りにならない」といったものです。これらはさらにそれぞれ個人の思考パターンによって怒りの程度が異なってきます。

例えば、A君とB君がCさんから、「それは違うよ」と言われたとします。これをB君は「Cさん、親切にありがとう」と考えるのに対し、A君は「うるさい、馬鹿にしやがって」と考えるとしますと、同じ「それは違うよ」と言った声かけに対し、好意的に受けとるか、被害的に受けとるかはそれぞれの思考パターンなのです。どちらが"怒り"につながるかは容易に想像できると思います。

ではA君の被害的な思考パターンはどうやって生まれるのでしょうか？ それまでの対人関係のあり方（いじめ被害を受けていた等）などいくつかの要因がありますが、その大きな土壌の一つにA君の**"自信のなさ"**が関係しています。自分に自信がないと「また俺の失敗を指摘しやがって」「どうせ俺なんていつも駄目だし……」とどうしても他者の言葉を好意的に受け取れないのです。自信がもてない原因には、「対人関係がうまくいかない」「勉強ができない」「じっと座っていられず注意ばかりされている」「忘れ物が多く叱ら

れている」「運動が苦手」などがあります。そこには発達障害、知的障害があることもあります。

　怒りのもう一つの背景として"**自分の思い通りにならない**"といったものがあります。これは「相手への要求が高い」「固定観念が強い」といったことが根底にあります。相手に「こうして欲しい」といった要求の高さや、「僕は正しい」「こうあるべきだ」といった歪んだ自己愛と固定観念が根底に強くあるのです。当然、相手は自分の思い通りには動いてくれません。そこで馬鹿にされたといった気持ちが生じそれが"怒り"となり、うまく処理できないと突然キレたりするのです。

 **"怒り"は冷静な思考を止める**

　そして"怒り"は冷静な思考を止めます。図1-8は食堂での出来事です。子どもたちが昼食のランチを選ぶのに並んでいるところですが、列に割り込んだB君に対して割り込まれたA君が怒っています。横で見ているCさんからすれば、「A君はそこまで怒らなくてもいいのに。B君もすぐに謝ればいいのに」と感じています。

　A君はちゃんと列に並んでいたのにB君に割り込まれたので、カッとなり怒っています。B君はA君が列に並んでいたことに気がつかず、ワザと割り込んだわけではないものの、A君から突然責められ驚いています。冷静になれればCさんのように相手の気持ちを

図1-8　食堂での一場面

想像できどうすべきか分かるのですが、自分がその当事者になるとA君やB君のように怒りや驚きのため適切な行動が取れないのです。特に"怒り"の感情は冷静な思考を止めてしまいます（図1－9）。我々大人でもカッとなったら判断を誤ることがあります。子どもならなおさらです。

　ですので、子どもの不適切な行動を減らすためにはこの"怒り"を何とかせねばなりません。その方法についてはPart 2の第2節で紹介しています。

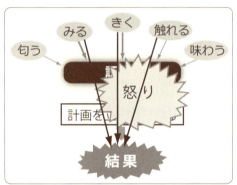

**図1－9　怒りの感情が冷静な思考を止め、反射的な行動につながる**

### 感情は多くの行動の動機づけ

　感情統制が大切なもう一つの理由は、感情は多くの行動の動機づけになっていることです。例えば、今、本書を読まれている皆さんは、この本のタイトルを見て、または目次を少し見てみて、少し読んでみたいと思われたから読んでいるのではないでしょうか？「あの歌手のコンサートに行きたい」「久しぶりに友だちと会いたい」という気持ちがあるからコンサートに行ったり、友人と会ったりするのです。「○○してみたい」そんな気持ちがあるからその行動が生起されるのです。無条件反射を除くと、感情がすべての行動を支配していると言っても過言ではないでしょう。

　ここで、もし、

> ストレス発散に、○○をしたい。

という文章の〇〇に**「万引き」「猥褻」**などという言葉が入ると
します。そのような明らかに不適切な行動に対して、対処する方法
として、

**〇〇に「スポーツ」「買い物」などを代わりに入れさせる。**

または、

**「〇〇をしたい」という気持ちを下げる。**

かのどちらかになります。前者は方法論であり、後者は、気持ち
を下げる方法であり、まさに感情統制そのものです。いかに感情統
制が大切かご理解いただけると思います。

» 具体的な支援方法は、Part 2 の第 2 節「社会面への支援（感情トレー
ニング）」へ。

# 4 融通の利かなさ

- 何も考えずに思いつきでやっているように見える。
- 思い込みが強い、気づきが少ない。
- 一つのことを考えると周りが見えなくなる。
- より多くの選択枝がもてず、問題解決力が弱い。

 思考の硬さと不適切な行動

　私たちは何か困ったことがあれば、まずいくつかの解決案を考えます。「Aの方法」「Bの方法」「C……」「D……」「Eの方法」などいくつか選択肢を考え、そしてどの方法がいいか吟味し、選択して実行し解決していきます。うまくいかなければ他の選択肢を選び直し、再度実行していきます。ここで重要になってくるのが、状況に応じて"融通を利かせる"力です。例えば、「お金がない」といった困ったことがあるとします。それに対して、

　　A：アルバイトをする
　　B：親から借りる
　　C：宝くじを買う
　　D：強盗する

といった解決案が出るとします。Dという案を選べばその後どう

なるかを考えると、通常でしたら選ばないでしょう。しかし、もし思考が硬くて融通が利かずDの選択肢しか出てこなければどうなるでしょうか？　お金がなくなる度に強盗を繰り返すことになります。これが非行少年や困っている子どもの頭の硬さなのです。

　学校でも融通が利かず頭の硬い子がいます。そういった子はやはり解決案が1つかよく出て2つしか出てきません。1つしか出てこないと最適な選択肢かどうか分かりませんし、また過去に同じ失敗をしていても何度も同じ間違いをしてしまうのです。

　融通が利かないと日常生活において、

○　思いつきでやることが多い。
　　➡　一旦考えることをせずにすぐに行動に移してしまう。
○　思い込みが強い、気づきが少ない。
　　➡　やる前から絶対こうだと思って突き進む。さまざまなヒントがあっても注意を向けられない。
○　一つのことに没頭すると周りが見えなくなる。
　　➡　一つの作業・課題に対して一部にしか注意を向けられず、他にも必要なことを見落としてしまう。

といったことがみられます。このような融通の利かない子どもや頭の硬い子の特徴が出やすい問題があります。次のような問題です。簡単な計算問題（例えば「100 − 7は？」）に答えさせた後に、

　問い：
　「5個のリンゴを3人で平等に分けるにはどうしたらいいですか？」

という問題を出してみます。一般の回答は概して大きく2つに分かれます。一つは、1個のリンゴをすべて3等分し15個にしてそれを3人に5個ずつ分けていく方法です。決して間違いではありませんが、わざわざそんなに手間をかけなくても、まず一人に1個ずつリンゴを配り、残りの2個を3人でどうやって分けるかを考えたほうが手間やトラブルが少なそうです。

　しかし融通の利かない子ども、頭の硬い子どもの答えは少し違い

ます。

「先生、これは算数の問題ですね。5÷3ですね……。1.6666……割り切れません。分けられません」

と答えたりするのです。決して計算問題を出しているのではないのですが、最初に出した計算問題に引きずられ「これは計算の問題だ」と思い込んでしまい、柔軟に融通を利かせて分けることができないのです。

5個のリンゴを3人で平等に
分けるにはどうしますか？

このような子どもたちは何らかの問題に対して、すぐに答えを出してしまいます。時間をかけて「ちょっと待てよ……ほかに方法はないかな」といった柔軟な思考や違った視点をもつことがとても苦手なのです。他にも、

○　見たものにすぐに飛びつく。
○　見えるものの背景や周囲にあるものに気がつかない。
○　だまされやすい。
○　過去から学べず同じ間違いを繰り返してしまう。

といった特徴もあります。これらは対人関係においてもさまざまなトラブルに結びついてしまいます。

## 被害感が強まって不適切な行動にも

　少年院の少年たちに特に感じたことの一つが、変に被害感が強いということでした。少年院では毎日の日課が細かく決まっていますが、日課に集団で向かう際に少年たちがすれ違うことが多いのですが、すれ違う際に少し目があっただけで「あいつがにらんできた」、肩が触れてきただけで「ワザとやりやがった」、舌打ちされると「自分に向かってやってきた」、周りでヒソヒソ話をしていると「自分の悪口を言っている」といった訴えが実に多いのです。本当なのかもしれませんが、一方で、

　「ひょっとして自分の勘違いじゃないか？」
　「気のせいじゃないか？」
　「ワザとじゃないのでは？」

といった考えがまったく出てこないのです。「絶対そうだ」といって修正がきかずとても思考が硬いのです。そして同様なことが続きどんどんと被害感を強めていくと、何かの拍子にいきなり少年どうしで殴り合いになるような事態につながったりするのでした。これも融通の利かなさ、思考の硬さが原因となっているのです。

» 具体的な支援方法は、Part 2 の第 2 節「社会面への支援（問題解決トレーニング）」へ。

# 5 不適切な自己評価

- 自分の問題点が分からない、問題はないと思っている。
- 自己を正そうとする動機づけに乏しい。
- 自己評価が高すぎる、低すぎる。
- 他人の欠点ばかり責める。

 **自分のいいところは"優しいところ"**

　ある子どもに不適切な誤りがあった場合、その子がそれを正したいという気持ちをもつには、まず「自分の今の姿を知ってもらう」といったプロセスが必要になります。**自己の問題や課題に気づかせ、「もっといい自分になりたい」といった気持ちをもたせることが変化のための大きな動機づけになる**のです。ところが、もしここで、多くの問題や課題を抱える人が、「自分には問題がない」「自分はいい人間だ」と自己の姿を適切に評価できなければどうなるでしょうか？　自己へのフィードバックが正しく行えず、自分を変えたいといった動機づけが生じないので誤りを正せないばかりか、対人関係においてもさまざまな不適切な行動につながります。例えば少年院では、

○　自分のことは棚に上げて、他人の欠点ばかり指摘する。
○　どんなにひどい犯罪を行っていても自分はいい人間だと思う。

○ プライドが変に高い、変に自信をもっている、逆に極端に自分に自信がない。

といった少年たちがみられました。特に驚いたのが少年たちに「自分のいいところは？」と聞いてみると約8割の少年が「優しいところ」と答えたことでした。どんなにひどい犯罪を行った少年たち（例えば連続強姦魔、一生治らない後遺症を負わせた暴行・傷害、放火、殺人など）でも同様でした。当初私は耳を疑いましたが、どうやら本気で思っているのです。これではとても非行の反省や被害者への謝罪などできるはずがありません。逮捕されてから少年院に入るまで1カ月以上は経っており、その間に自分の犯した非行が十分に分かっているはずです。

しかしあまりにも多くの少年たちが同様に答えるので何か理由があるのではと考え、そこで「どんなところが優しいのか？」と尋ねてみると、

「小さい子どもやお年寄りに優しい」

「友だちから優しいって言われる」

と答えたりするのです。要は、自分にとって都合のいい相手には優しく、悪友からの頼みを断れず言いなりになり、そうでない相手

には暴力的になっていたのでした。そこで、「怒るとすぐに手が出る人は優しい人ですか？」「小さな子どもにひどいことをした人は優しい人ですか？」とさらに尋ねてみると、ここで初めて「あ、優しくないです」と気づくのです。そこまで言わないと気づかないのです。

## ♻ なぜ自己評価が不適切になるのか？

　ではなぜ彼らは適切な自己評価ができないのでしょうか？　それは**適切な自己評価は他者との適切な関係性の中でのみ育つ**からです。例えば、

　「自分と話しているとＡさんはいつも怒った顔をしている。自分はＡさんから嫌われている気がする。自分のどこが悪かったのだろう」
　「あのグループのみんなはいつも笑顔で私に接してくれる。きっと私はみんなから好かれているんだ。意外と僕は人気があるんだな」

　等、相手から送られるさまざまなサインから自分はこんな人間かもしれない、と少しずつ自分の姿に気づいていくのです。ギャラップ（Gallup, 1977）は集団の中で普通に育った野生のチンパンジーと集団から隔離して飼育したチンパンジーの自己認知の発達を比較しました。すると隔離して飼育したチンパンジーには自己認知能力を示す徴候がみられなかったことを示しました。人も同様です。無人島で独り暮らしをしていると本当の自分の姿は分かりません。つまり自己を適切に知るには、さまざまな状況下において他者とコミュニケーションを行う中で適切にサインを出し合い、相手の反応をみながら自己にフィードバックするという作業を、数多くこなすことが必要なのです。
　ところがもしこちらが相手からのサインに注意を向けない、一部の情報だけ受け取る、歪んで情報を受け取る（例えば、相手が笑っているのに怒っていると受け取ったり、怒っているのに笑っていると受け取ったりするなど）とどうなるでしょうか？　やはり自己へのフィードバックは歪んでしまいます。適切な自己評価には偏りの

ない適切な情報収集力が必要なのです。サインをうまくキャッチするためには相手の表情を正確に読み取ったり、相手の言った言葉を正確に聞き取ったりするなどの"認知機能"がここでも関係しているのです。

逆に「僕は自分が嫌いだ、好きなところなんてない、いいところもない」と答えるなど、自己肯定感が極端に低い少年もいます。自己肯定感が低いと、

「どうせ自分なんて……」

と被害感を募らせ、ひいては怒りへとつながる可能性があります。**つまり何事においても自己評価が不適切であれば、対人関係でトラブルを引き起こし不適切な行動に結びつく可能性がある**のです。

### 適切な自己評価が自分を変える

人が自分の不適切なところを何とか直したいと考えるとき適切な自己評価がスタートとなります。行動変容には図1-10のように、まず、悪いことをしてしまう現実の自分に気づくこと、そして自己洞察や葛藤をもつことが必要です。適切な自己評価ができるからこそ"悪いことをする自分"に気づき、「また悪いことをやってしまった。自分ってなんて駄目な奴なんだろう」「いつまでもこんな

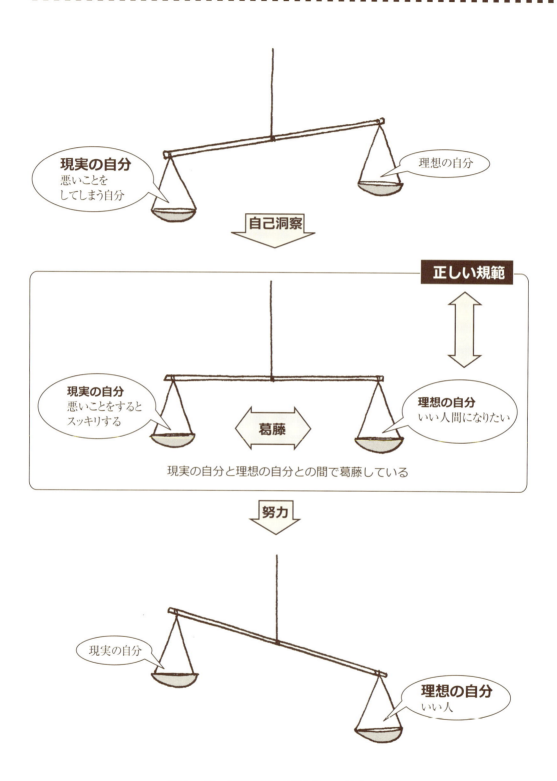

図1-10 行動変容に至るまでの流れ

ことしていられない。もっといい人になりたい」などといった自己洞察・自己内省が行えます。そして理想と現実の間で揺れ動きながら、その人の中に正しい規範がありそれに従うなら「今度から頑張ろう」と努力し理想の自分に近づいていけるのです。そのためにはやはり自己を適切に評価できる力、つまり"自分はどんな人間なのか"が分かることが大前提なのです。

　自己に注意を向けることで自己洞察や自己内省が生じるという背景に自覚状態理論（Objective Self-Awareness（OSA）theory, Duval and Wicklund, 1972）というものがあります。これは自己に注意が向いたとき、自分にとってとても気になっている事柄に関心が向き、その際、自己規範に照らし合わせ、その事柄が自己規範にそぐわないと不快感が生じます。そして不快な感情を減らすために行動変容するための動機づけが生じるというものです。例えば、ある少年が万引きをしようと考えた時、自己に注意を向ける機会があると、万引き行為について関心を向け、「万引きは悪いことだ」といった規範をその少年がもっていれば、そんな自分を不快に感じ、万引きをやめるきっかけになるというものです。

　自己に注意を向けさせる方法として、他人から見られている、自分の姿を鏡で見る、自分の声を聴く、などがあります。この理論によると、学校で先生が子どもに対し「あなたを見ていますよ」といったサインを送るだけでも効果があります。また小人数のグループワークでは、メンバー同士、お互いがお互いを密に観察し合っていますのでそれだけでも抜群の効果があると考えられ、これが学校でのグループワークが大切な所以です。

　加えて、平生から我々大人が見本となって正しい規範を子どもに見せることが必要なことは言うまでもありません。


Gallup, G. G. (1977). Self-recognition in primates: A comparative approach to the bidirectional properties of consciousness. *American Psychologist* 32: 329-38.

Duval, T. S. & Wicklund, R. A. (1972). *A theory of objective self-awareness*. New York: Academic Press.

# 6 対人スキルの乏しさ

ここでみられる課題

- 嫌なことを断れない、流されてしまう。
- いじめに遭っても助けを求めることができない。
- 相手を不快にさせてしまう。
- 会話についていけない。
- サービス業につきにくい。

### 対人スキルの乏しさとその背景

　子どもたちが最もストレスと感じることの一つに対人関係のトラブルが挙げられます。それは我々大人でも同様でしょう。さまざまな場面で対人関係がうまくいかないと学校生活や日常生活においてトラブルにもつながります。ところで対人スキルの乏しさはさまざまな要因から生じます。ここではこれまでご紹介した認知機能の弱さや融通の利かなさが対人トラブルにもつながる子どもの例について紹介します。

　次のような子どもがいたとします。


○　相手を不快にさせる言動が目立つ。
　⮕　思いついたことを言ってしまって相手を不快にさせてしまう。
○　会話についていけない、冗談が通じにくい。
　⮕　友だちが何を話しているか分からない、冗談が分からず会話

が続かない。
○ 嫌なことを断れない、流されてしまう。
→ 嫌われたくないので悪いことでも断れず、一緒にやってしまう、悪友に利用され非行をする。
○ いじめに遭いやすい。
→ いじめに遭っても他者に助けを求めることができない。

これらの背景には、みる力やきく力、想像する力といった認知機能の弱さのため、相手の表情や不快感が読めない、その場の雰囲気が読めない、相手の話を聞き取れない、話の背景が理解できず会話についていけない、会話が続かない、行動した後のことが予想できない、といったことが考えられます。これらのためさらに、うまくコミュニケーションが取れないので友だちができにくく悪友の言いなり（万引き等）になる、といった非行につながったりする可能性が生じるのです。

### 嫌われないように非行をする

友だちとうまくコミュニケーションが取れないと、友だちから嫌われないよう、もしくは認めてもらうためにある行動に出ることがあります。例えばその子が何かふざけたことをしてみると、周りの友だちから「お前、面白い奴やなあ」と言ってもらえ、一目置かれたりします。するとふざけ行為は強化され、次第に悪いこと（万引きや窃盗など）につながっていき、そこに自分の価値を見出すようになったりするのです。悪友から悪いことを誘われても嫌われたく

ないので断ることもできません。

　非行に走る少年たちの中に対人関係が苦手な少年をよくみかけます。詳しく聞いてみると、**非行は彼らなりの生き残りの一つの手段だったりします**。気が弱く流されて何でも悪友の言うことを聞いてしまうある意味“優しい子”ほど非行に走りやすいのです。

## サービス業にもつきにくい

　もっとドライに考えますと、現在、第3次産業であるサービス業は全職業の約7割を占めると言われています。昔に比べ、自然界に働きかけて生計を立てる第1次産業や職人さんのような第2次産業は激減し、人間関係が苦手だからといって職業を選んではいられなくなりました。つまり対人スキルに問題があると仕事を選ぶ上でも困難さにつながりかねません。

　一方で対人スキルがトレーニングできる機会は確実に減ってきました。SNSの普及で直接会話や電話をしなくても指の動きだけで瞬時に相手と連絡が取れます。SNSがまだ普及していないその昔、相手に電話をかける時には、本人以外の家族などが出ることが多くありましたので、それなりに電話をかける時間帯や言葉遣いなどの最低限の礼儀は心得ていなければなりませんでした。それは今では必要ありません。

## 性の問題行動につながることも

　対人スキルの力が最も試されることの一つに、異性との交際があります。例えばある男性が意中の女性と付き合いたいと思ったとき、デートをしたいといった気持ちを、いつ、どのようなタイミングでどうやって伝えるかなど、とても高度な対人スキルが必要です。またデートに誘えたとしても女性との距離を縮めるためにはさらなる対人スキルが必要になってきます。そして最終的に相手に「付き合って欲しい」と伝えたとしても、時期が早すぎたり、脈がない場合もあったりしますので、事前に十分に相手の気持ちを読み取っておくスキルがいります。もしそのうちの一つでも男性の思い込みで一方的に進んでしまうと、ストーカー行為や性の犯罪行為につながることもあるのです。

　性犯罪のうちいくらかの割合で、相手の合意があったと勘違いし

て、一方的に行為に及び結果的に強制猥褻や強姦になってしまった
ケースもあると想像されます。発達障害をもった性非行少年の中に
も特にそういった思い込みが強い少年もいて、「相手の女の子が僕
を誘ってきた。僕はだまされた」となかなか主張を曲げないことも
ありました。相手の気持ちを想像するのが苦手、こだわりがある、
といった発達障害の特徴は、微妙なやり取りが必要な男女関係でい
えば、性の問題行動のリスクが高くなるかもしれません。

## いじめ被害が性非行を生む

　私はこれまで少年院で性非行少年の再非行防止のためのグルー
プワークを行ってきました。その中で、猥褻行為をした少年にその理
由を聞いてみると、たいてい最初は「性欲だった、どうしても女の
子のアソコをみたかった」と言ったりしますが、グループワークを
進めていくうちに、次第に「いろんなストレスが溜まっていてその
発散のために、猥褻をやった」ということにみんなが変わってきま
す。そしてそこでの一番のストレスの原因はみんな共通しています。
それが何かというと、"**いじめ被害**"でした。つまりいじめを受け
たストレス発散のために、小さな女の子をターゲットにして性非行
を行っていたケースが非常に多かったのです。いじめはその当事者
だけでなく新たな被害者を生んでいたのです。発達障害や知的障害
のため対人スキルが乏しくいじめ被害に遭い、さらに性非行につな
がっていった少年たち、まさに被害者が被害者を作るというとても
悲しい出来事なのです。
　性の問題行動については Part 1 の第 8 節でさらに詳しく説明し
ます。

≫　具体的な支援方法は、Part 2 の第 2 節「社会面への支援（対人マナー
　トレーニング）」へ。

# 7 身体的不器用さ

- 手先が不器用、運動が苦手、物をよく壊す。
- 力加減ができない。
- 左右が分からない。
- 自分の体の動きが予測できない。

## 不器用な非行少年たちは致命的

非行少年の中に身体の使い方が極端に奇妙で不器用な少年たちがしばしば目につきました。運動の時間に、

《野球でキャッチャーをやっていた少年がボールを1塁側に投げたのに、3塁側にいる教官に向けてボールが飛んでいった》

《サッカーでゴールにボールを蹴るところを味方の脚を蹴り、一度に何人も捻挫した》

《洗面台の水道蛇口を回しすぎて蛇口をもぎ取ってしまった》
《トイレで便器の外ばかりに小便をしてトイレの中を汚し続けた》

　など、わざとやったと言われても仕方がないような動きです。社会でも、

《皿洗いのアルバイトをしていたが何度も皿を割ってしまいクビになった》

《お客さんに料理を出すときに、ドンっと勢いよく置いてしまいお客さんとトラブルになってクビになった》
《建設現場で親方に危ないと怒鳴られてばかりで嫌になって辞めた》

　といった就業上のエピソードや、

《喧嘩で相手の頭を軽く踏みつけただけなのに頭蓋骨を陥没させてしまった》
《じゃれ合っただけなのに夜中に警察が来て、相手に大怪我をさせたと言われ傷害罪で逮捕された》

といった非行に関するものなどがありました。少年院を出て真面目に働こうとしても身体的不器用さゆえに仕事をクビになり職を転々としたり、本人にはそのつもりがなくても傷害罪になったりしていたケースがみられたのです。

それに加え、たいてい彼らは認知機能の弱さも伴っていました。認知機能の弱さがあるとサービス業に就くよりも建設現場で土木作業員といった肉体労働に就く傾向があります。しかしそこで身体が不器用であるとそういった肉体労働にも就けず生活ができなくなるのです。安定した就労が再非行防止に欠かせないことからも、身体的な不器用さが再非行のリスクを高め、彼らにとって致命的になるのです。ですので、身体面への支援も欠かせません。

## 身体的不器用さとは？

身体的不器用さについては、**発達性協調運動症**（developmental coordination disorder：以下、**DCD**）といった疾患概念があります。協調運動とは、別々の動作を一つにまとめる運動です。例えば、皿を洗う時、皿が落ちないように一方の手で皿をつかみ、もう一方の手でスポンジを握って皿をこするという、2本の手が別々の動作を同時に行うという高度な"協調運動"が必要です。DCDはこの協調運動に障害があるため、粗大な協調運動（体の大きな動き）や微細な協調運動（指先の動作）に困難を来すのです。DCDは5〜11歳の子どもで約6％いるとされています。

DCDは協調運動が必要とされる日常生活上の身体活動の獲得や遂行に困難さを生じます。手先の器用さと言われる微細運動には、靴紐を結ぶ、ボタンをかける、といった身体的な自立をする上で重要な動きや、字を書く、ハサミを使う、折り紙を折る、楽器を演奏する、といった創作的活動に必要な動きがあります。身体的不器用さは、スポーツが苦手というだけではなく、身辺自立や創作活動などに支障を来すことも懸念されます。かつてDCDは成長につれ自然消滅すると考えられていましたが、青年期に入ってもなお持続している例も数多く報告されています。

## 不器用さは周りに知られてしまう

しかも身体的不器用さはとても目立ちます。学校ではたとえ算数

のテストで30点を取ったとしても、みんなに知られないように隠せば算数が苦手なことは誰にも分かりません。しかし身体の動きは別です。体育の時間や運動会などみんなに不器用さが知られてしまいます。またみんなでタイミングを合わせて行う運動などではいつも足を引っ張り、みんなから責められます。それで自信を失ったりいじめの対象になったりする可能性もあるのです。特に発達障害や知的障害をもつ子どもたちの中には、身体的不器用さを併せもつ比率が高いとされ医療少年院の少年たちも例外ではありませんでした。

 **身体的不器用さの特徴と背景**

不器用な子どもたちの特徴として例えば以下のようなものがみられます。

- 力加減ができない。
- 物をよく壊す。
- 左右が分からない。
- 姿勢が悪い。
- じっと座っていられない。

「力加減ができない」「物をよく壊す」というのは、自動車でたとえると、どのくらいアクセルを踏めばどれだけのスピードが出るのかといったことが正確につかめていない状況に似ています。自分のボディイメージがうまくできていないのです。

「左右が分からない」と相手の真似をすることが苦手です。左右が分からないといっても「右手を挙げて」と言えばすぐに右手を挙げることができれば「左右は分かっている」と思われがちですが違います。先生が黙って右手を挙げて「これと同じ真似をして」と言って、すぐに右手を挙げることができないと左右が分かっていることになりません。これは相手のボディイメージを自分にうまく置き換えられないようです。

「姿勢の悪さ」は筋肉の調整機能に問題がある場合があります。身体の筋肉の緊張が弱いと関節が柔らかであり、まっすぐ立ってもお腹が出るような姿勢になってしまい、そもそも"姿勢が悪く"見えます。また逆に筋肉の緊張が強いと柔軟性に欠け、ぎこちない動

きになったりします。姿勢の悪さからじっと座っていられなくなります。

　これらから身体的無器用さは学習や対人関係にも影響しますので、学習面や社会面に加えて身体面への支援も欠かせないことが分かります。

≫　具体的な支援方法は、Part 2 の第 4 節「身体面への支援」へ。

# 性の問題行動

- 相手に猥褻行為をする。
- 人前で性的な行動をしてしまう。
- トイレをのぞく。
- 援助交際をする。
- 小学生でエッチな本をみている。

 **発達障害、知的障害をもった性加害少年は最難関**

　　　　　　少年矯正施設だけでなく学校教育現場においても性の問題行動が課題となっています。医療少年院にいるような発達障害や知的障害をもった性加害少年たちへの再非行防止のための教育は最難関といってもいいでしょう。性に対する欲求は人の三大欲の一つにも挙げられ、決してなくすことができない強いものです。さらに性に関する問題は他の問題と比べて特殊性を伴います。性行動そのものは生命誕生のための欠かせない営みであり、極めてプライベートな性質をもっています。覚醒剤使用や傷害・殺人事件などはそもそもその行為自体が犯罪に相当しますが、例えば強姦では相手の同意があった、なかったなど当事者間の関係性で犯罪になるかどうかが分かれたりすることもありますので、性行為自体が犯罪行為になるわけではありません。

　　つまり性的な欲求自体は、逆にこれがないと人類は滅びてしまい

ますので問題があるわけではなく、覚醒剤のように絶対的にダメと言えず、**「適切な相手と適切に使いなさい」**と伝える必要があるのです。しかしこの**"適切に"**が微妙であり、発達障害や知的障害をもった少年たちにはとても難解です。医療少年院や女子少年院に在院する少年たちの性の問題行動にも、その**"適切さ"**が理解できず、その意図がなくとも結果的に犯罪行為・虞犯になったというケースも多くみられます。

　現在、矯正施設等で行われている性加害者への治療プログラムの主流は、認知行動療法などを用いて性への不適切な思考・行動を減らし、適切な思考・行動を増やすことを目的としています。しかし性のさまざまな問題に対して**"考えさせること"**を主としたプログラムは、そもそも**"適切さ"**を考えさせる点において発達障害や知的障害をもった少年が最も苦手とすることですので、適切なプログラムとは言えないでしょう。実際には被害者の気持ちを考えさせようと手記を読み聞かせても、まず文章の理解力が怪しく、また想像力も弱いため内容が理解できません。例えば幼児どうしがエッチな遊びをしていても、それをやめさせるために難解なテキストを用いていろいろと性について考えさせても意味がないのと似ているのです。

## そもそも性の問題行動とは何か？

① 　小学2年の男の子がいつもエッチな写真を見ている。
② 　小学3年の男の子がよく人前でも股間を触ってしまう。
③ 　小学5年の男の子がマスターベーションばかりしている。
④ 　中学3年の女の子が18歳の彼氏と性的関係をもった。
⑤ 　特別支援学級の男の子がみんなの前でパンツを脱いでしまった。
⑥ 　中学3年の男の子が女子トイレをのぞいた。
⑦ 　高校2年の男の子が公衆トイレで幼稚園の女児の陰部を触った。

　これらはすべて性の問題行動と言えるでしょう。保護者や教員からすれば子どものこのような行動にとても頭を悩ますはずです。しかし、ただこれらを一まとめにして性の問題行動ととらえられてしまう傾向があり、問題の焦点がどこにあるのかが分かりにくくなっ

ているのが現状です。性の問題行動は大きく、

---

(1) **性加害**

(2) **性被害**

(3) **性のマナー**

---

の3点に分類するといいでしょう。例えば、前述の例の①②③⑤は「性のマナー」の問題、④は「性被害」の問題、⑥⑦は「性加害」の問題と言えるでしょう。まず、それぞれの性の行動がどこに分類されるのか、そしてどういった場合にそれが「性の問題行動」になるのかを整理することが大切です。

## ♻ 性加害の問題点

ここで性加害少年の問題について考えてみます。ここで注意すべき点は、**"性の問題だけにとらわれない"**ことです。性が問題になる子どもは果たして性の問題だけなのかという点です。本当に性の問題さえなくなれば他に問題が何もないでしょうか。決してそんなことはありません。性の問題がなくなったとしても、発達の問題、対人関係の問題、感情の問題、いじめの問題、家庭環境の問題などが背景に必ず隠れています。どちらかというとそれらの背景の問題がきっかけで性の問題行動を引き起こしていることがほとんどなのです。特に対人関係の問題は大きく関係してきます。対人関係はコミュニケーション力と強く関係しています。

そこで性加害の問題を図1-11のように図式化してみます。縦軸が性に関する「社会的規制を守る力」で、横軸を「お互いの同意の程度」とします。それぞれに影響を与える因子として、社会的規制を守る力には、「ルールの理解力」と「ブレーキをかける力」が、お互いの同意の程度にはお互いの「コミュニケーション力」が考えられます。縦軸の社会的規制で分かりやすいのが年齢です。例えば相手の合意があってもなくても13歳未満と性的な行為をした場合（Ⅲ、Ⅳ）や、相手の同意があっても18歳未満と淫行すると（Ⅳ）、児童への強制猥褻や青少年保護条例違反に相当します。これは年齢というルールの理解力が必要になります。さらにルールを理解していても自分の行動を抑える力（ブレーキをかける力）も必要になる

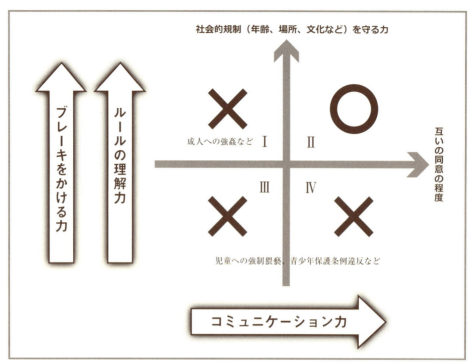

図1-11 性加害の問題

でしょう。

　横軸の同意は、相手との相互のコミュニケーションを指します。いくら年齢というルールを守ってもお互いの同意なしに性的な行為を行うと（Ⅰ）、強姦罪などになります。したがって性加害の問題は、社会的なルールが理解できず、または自分を抑える力が弱く、お互いの同意がないときに生ずるのです（Ⅰ、Ⅲ、Ⅳ）。逆に考えればしっかりルールを理解して年齢といった社会的規制を守り、さらに自分の欲求にブレーキをかけ、しっかりコミュニケーションして互いに同意すれば全く問題がない（Ⅱ）のです。

　ですので、性加害の問題を減らす支援の方向は、社会的規制を理解させること、行動にブレーキをかける力とコミュニケーション力をつけさせて「Ⅰ、Ⅲ、Ⅳ → Ⅱ」の状態にもっていくことにあるのです。社会的ルールは知識として理解させるために何度も繰り返し伝えるとして、我々支援者ができることは、**異性や性的刺激から遠ざけたり性的な欲求や行動を問題視したりするのではなく、"適切な相手と適切に性的な関係をもつためのコミュニケーション力"と"不適切な行動にブレーキをかける力"をいかにつけさせるか**

ということに尽きるでしょう。

 **性に必要なコミュニケーション力とは？**

　では、性加害を減らすためのコミュニケーション力にはどのようなことが必要でしょうか？　異性と知り合い、性的な関係をもちたいと一方が考えた場合、具体的には以下のようなものが考えられます。「⚠」は留意点です。

○　**相手の表情を読む、その表情の背景を読む。**
　⚠　相手が嫌そうにしていないか？
　⚠　ニコニコしていても実は愛想笑いではないか？

○　**言葉を理解する、言葉の裏を理解する。**
　⚠　遠まわしに拒否の言葉を使っていないか？
　⚠　「いいよ」と言っても実は嫌われたくないからではないか？
　⚠　怖くて「いいよ」と言ったのではないか？

○　**動作やしぐさを理解する。**
　⚠　身体が拒絶していないか？
　⚠　恥ずかしそうにしていても実は恐怖に怯えていないか？
　⚠　怖くて逃げようとしていないか？

○　**共感する。**
　⚠　戸惑い、不安、後ろめたさなど相手の気持ちをお互い理解しようとしているか？

○　**気持ちを伝える・共有する。**
　⚠　性的な関係をもちたいという気持ちをお互い共有しているか？

これらの一つでもうまくいかなければ、つまり同意を得たと思っても実は勘違いをしていれば、結果的に性加害になったり、後になって性加害を受けたと訴えられたりすることになるのです。特に発達障害や知的障害をもった少年たちにとっては、こういった微妙なやり取りの背景を理解するのがとても難しいはずです。実際に、SNSなどを利用して「この女性なら分かってくれる」と勝手に思い込んで強制猥褻や公然猥褻などで逮捕されたりストーカー行為を繰り返したりする少年たちもいました。

　しかしここで注意すべきは、これらが特に**「性の問題に特化したコミュニケーション力ではなく通常の対人関係でも要求されるものと変わりがない」**という点です。この点もやはり同様に発達障害や知的障害をもった少年たちが特に苦手とするところですので、性加害についてはそもそもリスクを抱えているとも言えるでしょう。ですので、彼らへの支援としてはまずは**通常の対人関係におけるコミュニケーション力をトレーニングすること**が必要なのです。

## ♻ ブレーキをかける力とは？

　「やっていけないことは分かっていてもついやってしまう」「人に流されやすい」といった非行少年たちがいます。万引きや窃盗、薬物使用などに加え、性の問題行動も同様です。頭では悪いことと分かっていても欲望に負けたり、ストレスから痴漢や強制猥褻をしてしまったりします。これらを行わないようにブレーキをかける力が必要なのですが、ブレーキには「心理的ブレーキ」「社会的ブレーキ」などがあります。**「心理的ブレーキ」**としては被害者の気持ちを想像する、自分の家族の悲しむ姿を想像する、悪いことはしたくない、などで、**「社会的ブレーキ」**としては、社会的な制裁を受けること（逮捕される、刑務所や少年院に入る、職を失う、皆に知られてしまう等）などが考えられます。逆にブレーキを弱くする影響因子として、家庭環境やいじめ被害などからくるストレスがあります。

　性の問題行動を減らすには、コミュニケーション力をつけさせる以外にもう一つの彼らへの支援として**“ブレーキをかける力を強化すること”**が必要です。ただ彼らの神経心理学的特徴として、**注意**

の抑制機能が低いことも考えられます。注意の抑制とは、やってはいけない刺激にストップをかける脳機能の一つなのですが、犯罪者の特徴としてこの力が弱いことがこれまでに報告されています。これに対しては注意の抑制力を向上させるための認知機能強化トレーニングが効果的です。

従って性の問題行動に対しては**心理・社会的アプローチ**と**脳機能的アプローチ**を併用することが最も効果的と考えられるのです（Miyaguti & Shirataki, 2014）。

## 本人の自覚がない性被害も

性被害はやはり圧倒的に女性に多いと考えられます。性被害にはさまざまなタイプがありますが、本人の自覚がないうちに性被害に遭う例もあります。女子少年院では知的障害をもった非行少女はかなりの割合でそのような性被害に遭っていました。中学生で家出をしてお金が必要になったのである男性宅に身を寄せたのですが、その男性から"親切に"お客を紹介されたそうです。1回で「1万もらっていた」と得意になって話していた少女がいました。しかし客は2万払っており1万をマージンとしてその男性に取られていました。中学生にすれば1万は大金です。それが思ったより簡単に短時間で手に入ったのと、身を寄せた男性の役に立ったという気持ちで、本人には性被害に遭っているという自覚がなかったのです。

他にも彼氏と付き合ううちに覚醒剤を打たれ依存し、2人の覚醒剤代を稼ぐために身体を売っていた高校生や、100人近くと関係をもっていた少女もいました。彼女たちに共通していたのは、「簡単にお金がもらえるから」「誰かが優しくしてくれるから」「喜んでく

れるから」「彼の役に立つから」「寂しさを紛らわせてくれるから」
といった理由で身体を使うことに抵抗がなく結果的に性の商品にさ
れていること、性被害に遭っていることに気づいていないのです。
これは発達障害や知的障害があればますます気づきにくくなるで
しょう。

性被害に遭わないように支援することとして、適切な性教育を受
けさせることや危険な場所や状況を避ける以外にも、女性としての
価値に気づかせること、自分への自信（性以外の価値があるなど）
をつけせることが大切でしょう。

## ♻ 性のマナーは価値観によるところもある

性のマナーに関しては例えば特別支援学級の子が学校で皆の前で
ズボンの中に手を入れてモゾモゾしていると問題となりますが、恐
らく自宅ではそこまで問題にはならないでしょう。これは自宅の外
という場所が問題になりますので、学校で皆の前でズボンの中に手
を入れるのは"性のマナー違反"であると考えて、「触るなら家で」
などと指導することになります。知的障害や発達障害をもつ子ども
や少年にはこのようなマナーに関しても理解し難いところです。

しかしそもそも性のマナーの問題は子どもの問題もさることなが
ら、実は支援者を含めた大人たちの性に関する価値観に左右される
ものなのです。例えば小学生がエッチな本を読んでいたと母親が心
配になっても、父親は特に問題視しなかったり、マスターベーショ
ンばかりしていることを心配する親もいれば、そうでない親もいた
りします。学校教員によっても価値観が異なります。エッチな本を
読むことやマスターベーションをすること自体は、本来個人の自由
であり問題はないはずです。ただその年齢や頻度などによって支援
者側の価値観が分かれ、問題行動となったり、ならなかったりする
曖昧なものという点を留意すべきです。ですので、**性のマナーに
ついて問題にする際は"支援者側の性への価値観"について整理して
おくことがポイントになります。**

## ♻ 性教育から性の問題行動の教育へ

性の問題行動はどの世界でも近年特に問題となっています。社会
的に地位のある人や堅い職種についている大人が「どうしてそんな

ことを？」と思われる性犯罪を行ったニュースをよく耳にします。また性犯罪で服役していた元受刑者が出所してすぐに性犯罪を繰り返すという事件も散見されます。私的には、性犯罪は依存症の一つだと感じています。地位や立場などに関係なく一度やるとやめられない覚醒剤にも似ています。学校教育現場や児童福祉施設でも子どもたちの性の問題行動で困っているという話をよく聞きます。しかし現在学校で行われているのは性教育がほとんどです。ですので、薬物教育のように性犯罪に対しても、「ダメ。ゼッタイ」という性の問題行動への教育を小学生のうちから始めるべきだと考えます。そしてこれらの性に関する教育も社会面への支援の一つに含めるべきでしょう。

　なお性の問題行動への具体的な支援方法は『性の問題行動をもつ子どものためのワークブック――発達障害・知的障害のある児童・青年の理解と支援』（宮口幸治・川上ちひろ著、明石書店）をご参照ください。


Miyaguchi, K. & Shirataki, S.（2014）. Executive functioning problems of juvenile sex offenders with low levels of measured intelligence. *Journal of Intellectual and Developmental Disability*, 39 ,pp253-260.

## 9 生育環境の問題と支援者の誤解

- 虐待が疑われる。
- 手本となるモデルがいない。
- 保護者の理解が乏しい。
- 支援者の理解が乏しく仕事をすぐに辞めてしまう。

 **不適切養育と非行**

　少年院在院の少年たちの中には、少年院の職員である法務教官から注意を受けると、「殺したろか」と反応する子がいます。あるとき私が面接の際にある少年に「他に言い方はないの？」と聞いてみたことがあります。すると彼は「え？　腹が立ったら、普通は言わないのですか？」と答え逆に驚いていました。詳しく聞いてみると、彼は子どもの頃から何かいたずらや悪いことをすると母親から包丁をつきつけられ、「殺すぞ」と繰り返し言われていたそうです。だから腹が立つと「殺す」という言葉を使うことが当たり前になっていたのでした。

　子どもにとって親は人としての身近なモデルになります。親から「殺すぞ」と言われることは心理的虐待に相当するでしょうが、トラウマ体験というより誤学習させられることが多いと感じます。発達障害、知的障害があると自分で判断することが苦手であり、親のやり方が正しいのか間違っているのかが分かりにくいことも重なっ

て、**ますます親の影響を受けやすく**なります。ある非行少女は母親と一緒にコンビニ強盗をしたり、店員を恐喝し土下座させたりしたことを得意そうに話していました。これは犯行自体を自慢しているのではなく、「母親の真似をした」そして「母親の役に立った」「母親に喜んでもらえた」というものに近いと考えます。

### 保護者の理解の乏しさ

　子どもの問題を保護者に理解してもらうことの難しさは、保護者に関わっておられる専門家や学校の先生方ならよくご存知のことと思います。「子どもの問題を認めようとしない親にはどう対応すればいいか？」というのは学校コンサルテーションや講演会後の質疑応答でも定番でいただく質問の類です。つまりこれは支援者の共通の悩み事であり、これといった解決策がないために何度も質問に出るのであって、子どもの問題を保護者に受容してもらうことはそもそも無理と考えたほうが無難でしょう。

　ある殺人を犯した少年の保護者と面接したことがあります。その少年は自分をいじめてきた相手を殺害してしまったのですが、保護者からは息子の非を認めるどころか被害者に対してもまったく謝罪の言葉やお悔やみの言葉もありませんでした。逆に被害者の親に怒りをぶつけ「息子をいじめたから悪いんだ。昔からやられたらやり返せと教えてきた」とすごんでいました。自分の子どもが殺人を犯しても子どもの問題を理解・受容しようとしない保護者がいるわけですので、子どもの少々の問題行動だけでは「俺も昔はワルをやってきた」と言って危機感を抱かず聞く耳をもたない保護者がいても不思議ではありません。

### 加害者の保護者

　加害者の保護者には子どもが非行をするたびに警察に呼び出されては謝り、近所には負い目を感じながら生きている人たちもいます。発達障害や知的障害があれば小学校でも先生から散々注意など受け続けてきたはずです。以下は加害者の保護者たちの声です。

　「できることは何でもやってきた……、これ以上何をしろと……」
　「親が変われば子も変わるというのはウソだ」

「出院してもまた同じことを繰り返すのではと不安」
「近所の人から逃げるように生活している」
「一緒に死んだら、すべて解決する……」

　加害者の保護者も子どもを思いやる親であることに変わりなく、子どもをあえて非行少年や犯罪者にしたくてしたのではありません。発達障害・知的障害があれば他の保護者よりも多大な苦労をして一生懸命頑張ってきた保護者もいます。理由も分からず問題行動ばかり起こす我が子にどう対応していいか分からず、できることは何でもしてきたという保護者も大勢いました。もちろん最も尊重すべきは被害者です。ただ加害者の保護者もとても苦しんできたのも事実です。子どもを加害者にさせないために、加害者を再非行させないために保護者の協力が必要ですが、子どもが少年院に入る時点ですでに保護者は疲れ果てているのです。保護者にこれ以上子どもの問題を突きつけたり、直面化させたりしても保護者はもう何もできません。

　保護者に子どものためにもう一度頑張るという気持ちになってもらうためには、**保護者に少しでも元気になってもらう**ことが支援者として最も重視すべきことなのです。これは学校教育現場でも同様です。どうしても保護者には子どもの問題点ばかりを伝えがちになり、いっそうやる気をなくしてしまう保護者がいるのも事実です。

>>　具体的な支援方法は、Part 2 の第 5 節「家族への支援」へ。

 支援者の誤解

　障害をもった非行少年たちは出院後は社会で真面目に働きたいという気持ちをもっています。そこで支援者は、「では仕事を探して紹介してあげればいい」とあまり深く考えず仕事を紹介するのですが、たいていが 1 カ月、長く続いても 3 カ月くらいで仕事を辞めます。やる気はあるのですが就労しても続けられないのです。これまでに述べた通り、認知機能の弱さ、対人スキルの乏しさ、身体的不器用さなどから、言われた仕事がうまくできない・覚えられない、職場の人間関係がうまくいかない、時間通りに行けない、などの問題が起こり、発達障害や知的障害について不慣れな雇用主から叱責

を受け、嫌になって辞めてしまうのです。そして職がないとお金が
なく、でも遊びたい気持ちはあるので、簡単にお金が手に入る窃盗
などにつながったりするのです。これを私は4次障害だと考えます。

1次障害：障害自体によるもの。
2次障害：周囲から障害を理解されず学校などで適切な支援が受け
　　　　　られなかったことによるもの。
3次障害：非行化して矯正施設に入ってもさらに理解されず厳しい
　　　　　指導を受け一層悪化する。
4次障害：社会に出てからもさらに理解されず、偏見もあり、仕事
　　　　　が続かず再非行につながる。

　非行少年たちの多くが挨拶やお礼・謝罪の仕方、ものを尋ねるス
キルなどの対人マナーや履歴書の書き方といった初歩的なことが身
についていないので、ここから練習しないといけないのですが、少
年院では時間の制約もありなかなかできません。雇用主を含めた社
会全体の理解が必要なのはもちろんですが、そうならないために**早
期に介入する意味で学校教育での取り組みがますます重要**だと考え
ます。

# Part 2

# 具体的支援と学校教育との連携

# 1 非行少年たちが変わるとき

  **非行少年たちはこんなときに変わった**

　少年院では通常約1年弱在院します。入ってきた時は、態度が大きい、妙に馴れ馴れしい、妙に素直でいる、非行を他人事のように答える、少年院送致に不服で被害者に逆ギレしている、などさまざまな少年たちがいます。そんな中、だいたい入院後8カ月頃から大きく変わり始める少年たちがいます。彼らは「少年鑑別所や少年院に入ったときは反省しているように見せていたけど、今は違う。本気で変わるのは今しかないと思った」と述べ、その頃はいかに自分が馬鹿なことを思っていたり言っていたりしていたかを客観的に分析できるようになるのです。もちろんこれですべて解決というわけではありませんが、「彼らが変わろうと思ったきっかけは何か？」を知ることは学校教育へのヒントにもなるのではと思います。そこで彼らの実際の声を聞いて以下にまとめてみました。ここでいう先生とは少年たちの担任となる法務教官を指します。

① 家族のありがた味、苦しみを知ったとき
　「これでもかというほど非行をしてもそんな自分を見捨てずに毎月面会に来てくれる家族や、何百万という被害弁償に対しても何も言わずに働いて払ってくれている親をみて、もう二度と裏切りたくないという気持ちになった」

② 被害者の視点に立てたとき
「被害者の手記を読んでもし自分の家族が被害者だったらって考えると、犯人をボコボコにしてやりたい。自分のやったことが怖くなった」

③ 将来の目標が決まったとき
「今まで何をやってもできなかったけど、将来やりたいことが見つかった。資格をとって頑張る」

④ 信用できる人に出会えたとき
「先生は厳しいけど話を聞いてくれて僕のことを真剣に考えてくれる。今の僕に必要なアドバイスをくれる」

⑤ 人と話す自信がついたとき
「社会では人と話すのが苦手だったけど、ここに来たら、人に頼んだり、お礼を言ったり、謝ったりしなければならないので、話すことに自信がついてきた」

⑥ 勉強が分かった（漢字が読めた、計算ができた）とき
「漢字が全然読めなかったけど、ここに来て漢字のテストで（漢字検定の）級が上がった。新聞が読めるようになった。もっと勉強したい」

⑦　大切な役割を任された（認めてもらった）とき

　「先生にはいつも叱られていて先生は僕のこと嫌っていると思っていたけど、（少年院の中で）難しい係りを任されて、信頼されていると気がついた。先生を裏切りたくない」

⑧　物事に集中できるようになったとき

　「社会では全然集中できなくて勉強にやる気が出なかった。病気だと言われていた。でもここで集中できるようになって勉強が楽しくなった」

⑨　最後まで諦めずにやろうと思ったとき

　「いつも途中で諦めて最後までやったことがなかったけど、先生から途中で諦めたらだめだと言われ、最後まで諦めずにやったら、できた。とても自信ができた」

⑩　集団生活の中で自分の姿に気がついたとき

　「先生から注意されている他の子をみると、自分も昔はああだったのだと思った。どうして注意されるか分かった」

 **共通するのは自己評価の高まりと気づき**

　　少年院教育ではとことん自分に注意が向けられます。これまで好

き勝手に生きてきて自分を顧みず、何かあっても他人のせいにしていた彼らが、自分はこれまでどう生きてきたか、どれだけ皆に迷惑をかけてきたか、支えられてきたかを振り返らされます。Part 1の第5節の自覚状態理論で述べたように、自分が変わるための動機づけには自分に注意を向け、見つめ直すことが必要です。そうした上で先に挙げた少年たちが変わろうと思ったきっかけに共通することは、これまで社会で失敗し続けて自信をなくしてきた彼らが、さまざまな体験や教育を受ける中で、

**自己評価が上がること**

そして集団生活のさまざまな人との関係性の中で、

**さまざまな気づきがあること**

の2つです。特に気づきの部分は、押しつけでなく少年自身が自ら気づきのスイッチを入れねばなりませんので、我々としては少しでも多くの、かつさまざまな気づきの場を提供し、スイッチを入れる機会に触れさせることが大切です。

これらは学校教育でもまったく同じと感じます。矯正教育に長年携わってきた方が言っておりましたが、「子どもの心に扉があるとすれば、その取手は内側しかついていない」。まさにその通りだと思います。子どもの心の扉を開くには、子ども自身にハッとした気づきの体験が最も大切であり、**我々大人の役割は、説教や叱責などによって無理やり扉を開けさせるのではなく、子ども自身に多く気づきの場を提供すること**なのです。それには1対1で大人と子どもが向き合って得られる気づきよりも同級生に言われて得られる気づきのほうが大きいこともあり、グループでのさまざまな活動も欠かせません。

## やる気のない少年たちが変わった

少年院にも当然、自己評価の低い少年たちもいて、彼らは何をやるにしても否定的で「どうせやっても無駄」と言って最初からやろうとしません。学校の勉強で何度も挫折してすっかりやる気をなく

していた少年たちです。私が少年院で各種のトレーニングを始めた頃もまったくやる気のない少年たちが何人かいました。もちろん勉強が苦手で認知機能も弱い少年たちでしたので、グループに入れて認知機能をトレーニングすることにしたのです。

　当初、私が前に出て、少年たちに教えていたのですが、ある少年はわざと横を向いて外の景色をずっと見ていて、私のことを無視していました。そこで、その少年を指名して問題に答えさせようとすると「すみません、景色を見ていて聞いていませんでした」と堂々と言われました。他にも「こんなのやっても無駄だ、意味ない、やめたい」と皆に聞こえるように何度もつぶやきトレーニングを妨害する少年もいました。

　もともと勉強嫌いで学校での授業など真面目に聞いたことのない少年たちですから、やはりそうなのだ、これじゃ駄目だと思いました。そこで、私は一方的に教えたり問題を出したりするのをやめ、少年たちに前に出てもらって私の代わりをしてもらうことにしました。私の苦労を体験させようと思ったのです。

　すると驚いたことに、私を無視していた少年たちが「ボクにやらせて下さい」「ボクが教えます」と先を争って前に出てきたのです。そしてとても楽しそうに皆に問題を出したり、得意そうに他の少年に答えを教えたりし始めました。前に出ていない他の少年たちも必死です。同じ立場の少年から出された問題に答えられなくては恥ずかしい、自分が前に出たときに無視されたら嫌だ、といった気持ちが生じたと思います。皆真剣にトレーニングに参加するようになりました。そうすると皆の力もどんどん伸びていきます。

　そういう形式に変えてからは、全員がその時間をとても楽しみにするようになり、「もう終わるんですか？　もっとやりましょう」「今度いつあるんですか？」と言い出すなど全体の空気がガラリと変わりました。それで気づきました。少年たちに〝教えるんだ〟という視点では駄目だと。これまで幾度となく〝こんなのも分からないの？〟と言われ馬鹿にされ続けてきた少年たちは、自分たちも、

「人に教えてみたい」
「人から頼りにされたい」
「人から認められたい」

という気持ちがとても強いことを知りました。そしてそれが自己評価の向上につながっていくのです。学校でも「どうせやっても無駄」と思ってやる気のない子どもがいるでしょう。しかし、そのような子どもでも、皆に問題を出す役や、答えを教える役などをやってみたい、という気持ちがあるかもしれません。そのまま導入するのは難しいとは思われますが、**人の役に立つことで自己評価の向上につながり、次第に勉強へのやる気も出てくる可能性もあります**。

### 子どもから嫌われないこと

　少年院でいい指導をして少年から人気のある法務教官をみてみますと、学校教育でもとても参考になります。まだ若いある法務教官なのですが、その彼が言っていました。
　「まずは子どもたちに好かれないといけない。自分も学校でそうだったけど、嫌いな先生にどれだけ正しいことを言われても聞きたくない、嫌だと思う」
　さらに彼はこう続けました。
　「好かれるというのは、決して甘やかす、とか、機嫌を取るということではない。子どもに笑顔で挨拶する、名前を覚えている、最後まで話をきいてくれる、子どものやったことをちゃんと覚えていてくれる、そんな人と人との基本的な関係なのだ」
　これは子どもに対してだけでなく対人関係の基本だと思いました。確かにその法務教官は少年たちだけでなく職場のみんなからも好かれていました。**子どもへの指導の前に、まず"職場の同僚や身近な家族に対してきちんと対人関係の基本ができること"が第一**と感じました。これもなかなか難しいことですが、とても参考になります。

### 3方向からの子どもの具体的支援

　次節からは具体的な支援について紹介していきます。現在の学校教育は国語や算数といった教科教育が主ですが、私的には社会性こそが教育の最終目標の一つではないかと思っています。勉強だけできても社会性に問題があれば佐世保の女子高生殺害事件や名古屋大学女子学生殺人事件のような事件につながります。IQが高くて勉強ができても、「これをやればどうなるか?」といったことが予想

できない子どもたちがいます。計画を立て実行して間違いがあればフィードバックして修正するといった実行機能が低ければ、容易に間違った選択をします。また感情コントロールが弱ければ正常な判断ができなくなります。我々でもカッとなったら判断を誤ったりします。勉強だけでなく問題解決能力と感情コントロールといった社会面の力がとても大切なのです。

　ただやはり勉強はできるに越したことはありません。勉強への挫折が非行化につながるケースもあります。それには学習の土台となるみる力、きく力、想像する力をつける必要があります。さらに身体面への支援も欠かせません。身体的不器用さは周囲に知られて自信をなくしいじめのきっかけになることもあるからです。したがって**社会面、学習面、身体面の３つの方向からの子どもの理解と支援**が必要と考えます。そこで Part 1 の第 1 節で述べた**困っている子どもの特徴《５点セット＋１》**に対応させた３方面からの支援について以下に概要を説明していきます。また家庭への支援や支援者支援のあり方についても併せて紹介しています。

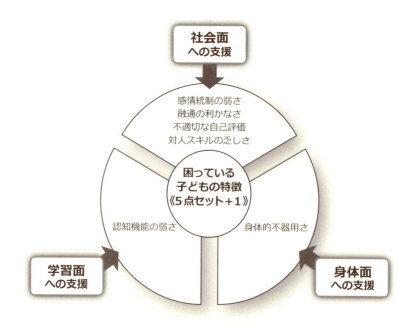

図１−12　学校で使える「困っている子どもの特徴《５点セット + １》」への「社会面」「学習面」「身体面」からの具体的支援

## 2　社会面への支援

　3つのトレーニング

　非行はさまざまな要因から起こりますが、彼らに共通しているのは、対人スキルが乏しい、問題解決力が弱い、感情コントロールが苦手、思考の柔軟さがないなどです。非行化しないにしてもこれらがあれば、いじめ被害や引きこもりの原因となったりします。問題が生じてから対処するより、小学校低学年などの早期から取り組んだほうがより効果があるでしょう。社会面のトレーニングとして次の3つを扱います。

① 　感情
② 　対人マナー
③ 　問題解決力

### ①　感情トレーニング

　感情は多くの行動の動機づけになっているとお伝えしました。そして感情の中で最もトラブルになるのは**"怒り"**です。そこで感情トレーニングはこの"怒り"をコントロールすることが主となります。ここで**段階式感情トレーニング**（Staged Emotional Training: SET）について紹介します。感情トレーニングとして効果的でよく行われているのが、今の気持ちを言葉で表現させる方法です。しかし学校の先生方からときどきこんな声が聞かれます。「あの子は自分の気持ちを言うのが苦手です。どうやったら気持ちをもっと言えるようになるでしょうか？」。また表情カードなどを用意し「今はどんな気持ち？」とカードの中から近い気持ちを選ばせて、その次に「どうしてその気持ちなの？　何があったの？」と続けていく

77

方法もあります。

しかしこれらの方法が実はさらに子どもが気持ちを出せなくなっている原因だったりするのです。逆に支援者自身が気持ちを言う立場になって想像してみてください。それも大勢の前など安心できる状況でないところです。とても心理的負担があるのが分かります。自分の気持ちを表現するのはとてもしんどいことなのです。大人でもしんどいのですから子どもはもっとしんどくて負担のあることだと考えたほうがいいでしょう。このように**感情を表現するのが苦手な子どもたちに対しては、少しでも負担を感じさせないように段階的にトレーニングを行っていく必要があります**。具体的には次の手順で行っていきます。いずれも4〜8名くらいのグループで行ったほうが効果的です。

(a) 他者の表情・状況理解（一人）
(b) 他者の表情・状況理解（複数）
(c) 感情を表現することの動機づけ
(d) 「違った考えをしてみよう」シート

**(a) 他者の表情・状況理解（一人）**

まず下の絵の3人はそれぞれどんな気持ちでしょうか？ 「嬉しい」「驚いた」「悲しい」という気持ちがすぐに言えたのではないでしょうか。自分の気持ちを言うのはとってもしんどいですが他者の気持ちは簡単に言えるのです。ですので、まず他者の感情を言う練習をして感情を表現することの抵抗を減らしていきます。

喜び　　　　　　　　驚き　　　　　　　　悲しみ

### (b) 他者の表情・状況理解（複数）

では下の絵の2人はそれぞれ何があってどのような気持ちになっているでしょうか？　これですと「夫婦がケンカしている」と見えることが多いでしょう。しかし「右側に子どもがいて両親から叱られている」とか「奥さんに嫌なことがあって夫が慰めている」と見える人がいるかもしれません。2人以上になると急に難しくなります。これには正解がないからです。さらには2人の関係性やその場の状況を想像する必要があるからです。ですので、一人の表情・状況理解の次は複数の人たちの表情・状況理解に進めていきます。

ところで、ここで考えてみてください。子どもたちが日常遭遇しているのは実はこちらの状況がほとんどのはずです。集団の中で「あの子とあの子は仲悪いはずだけど、お互いニコニコしているな。きっと我慢しているんだな」等、瞬時に理解して対応するなどとても高度なことをせねばなりません。ここでも発達障害・知的障害があればとても困難なことだと想像されます。ですので、発達障害・知的障害をもつ子どもたちはどんどんと練習していかねばなりません。できればグループを利用して順に考えてもらうといいでしょう。正解はありませんので、いろんな意見を言ってもらいましょう。ある1枚の状況写真について「僕はこう考えたけど、他の人は違うように考えた。いろんな見方があるんだ」と気づくことでしょう。

**この人たちはどんな気持ち？**

### （c）感情を表現することの動機づけ

　次に初めて自分の感情に目を向けます。しかし、まだもう一段階必要です。感情を表現しコントロールすることの大切さを理解してもらう必要（感情を表現することの動機づけ）があります。感情表現の大切さには下の絵のような《感情のペットボトル》というものを使用すると効果的です。

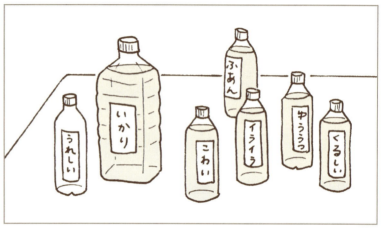

《感情のペットボトル》

　さまざまな気持ちを貼った500mlのペットボトルがあります。それぞれ水を入れています。"怒り"の気持ちだけ2リットルにしてあります（"いかり"）。"怒り"の気持ちが最も厄介でトラブルの原因となるからです。"喜び"は水を入れず空にしています（"うれしい"）。そして次に大きな袋を用意し、これらのペットボトルを入れて子どもに担がせます。担いでいるととても重くてしんどいです。こうすることで「気持ちを出さずに溜め込むことはこんなにしんどいことだよ」と身体で感じてもらうことができるのです。

　次に1本ずつペットボトルを袋から出していきます。すると少しずつ身体が楽になっていきます。

　**「気持ちを出すことで楽になる」**

　これに気づかせ気持ちを出すことの大切さを体感してもらいます。そして"怒り"のペットボトルを出すとすごく楽になります。"怒

り”を抱え込むのが一番しんどいからです。しかし“怒り”を出す際にそのペットボトルを相手に投げつけたらどうなるでしょうか？相手が怪我をすると犯罪になります。だから“怒り”を出すときも、先生や親などにそっと渡しなさいと伝えるなど、感情を出すとしてもその**“出し方も大切”**だということも理解してもらえます。ペットボトルはゴミですし、タダです。お金もほとんどかかりません。

## (d)「違った考えをしてみよう」シート

　ここでやっと自分の気持ちを表現していきます。ただ、表現するだけでしたら例えば“怒り”の気持ちはなかなか下がりませんし、同じ状態が続くと“怒り”は蓄積し、いずれは爆発するか被害感ばかり高まってしまいよくありません。そこで“怒り”の気持ちを表現した後に、その“怒り”を下げる練習をしていきます。

　この方法は自分の思考パターンを理解して思考を修正し、感情を変えていく認知行動療法に基づいています。本来は“怒り”の元になった出来事がすっきり解決できればいいのですが、一方で通常、その出来事に他者が原因となっている場合もありその解決には多大なエネルギーが必要です（例えば、ぶつかってきた相手に謝罪させるなど）。そこで利用するのが次頁の「違った考えをしてみよう」シートです。これは出来事に対する自分の考え方・とらえ方を変えることだけで気持ちを変える方法です。状況は何も変わっていないのに考え方を変えるだけで気持ちが変わるということを実感してもらうトレーニングです。

　表に従って説明していきます。例えば表にあるように、『A君とすれ違ったとき、A君は僕の顔を見てニヤニヤして行ってしまった』とします。それに対してその僕は『にらみ返した』と行動し『僕のことをバカにしているにちがいない』と考えました。「人の顔をみてニヤニヤするな！」「人をバカにするな！」といったような相手への強い要求があるようです。そしてその時の気持ちを記入させます。この子の場合は『怒り：70％』です。パーセントの目安は100になると行動化する（例えば、殴りかかる）レベルです。70％の怒りを抱えているのは不快なことですので本人も何とか怒りを減らしたいと思っています。そこで『違った考えをしてみよう』を行わせます。怒りが下がるかもしれない“考え方”を時間をかけてい

ろいろと考えてもらいましょう。シートの例では『いつか仕返しし
よう』『無視しよう』『ひょっとして思い出し笑い？』などが出てき
ました。そしてそう考えたときの気持ちとパーセント（％）、感想
を書かせます。『ひょっとして思い出し笑い？』と考えることで、
「それなら僕でもあるな」と感じ、怒りが10％まで下がりました。
10〜20％程度まで下がれば上出来です。かつてすぐにキレて少年院
でも暴れていた少年が、適切なフィードバックを行いながらこの
シートを週に3、4日続けさせたところ3カ月程度でシートがなく
ても怒りをコントロールできるようになりました。

　このシートは可能であればグループで個別に発表してもらうとさ

## 「違った考えをしてみよう」シート

| 6月13日　場所・場面　（学校の廊下） | | | | |
|---|---|---|---|---|
| **何があった？**<br><br>　　　　A君とすれ違ったとき、A君は僕の顔を見てニヤニヤして行って<br>しまった | | | | |
| **あなたはどうした？　どう思った？**<br><br>　　　　にらみ返した。僕のことをバカにしているにちがいない | | | | |
| **どんな気持ち？　どれくらいの強さ？**<br><br>　　　　気持ち：怒り　　70　％ | | | | |
| | 違った考え | 気持ち | ％ | 感　想 |
| 考え方① | いつか仕返ししてやろう | 怒り | 75 | もっと腹が立ってきた |
| 考え方② | そんなことで怒っても仕方ない。我慢しよう。無視しよう | 怒り | 40 | でも思い出して腹が立つ |
| 考え方③ | ひょっとして僕のことを笑ったんじゃなくて、思い出し笑いをしただけかもしれない | 怒り | 10 | そういえば僕だって思い出し笑いをして一人でニヤニヤすることがあるな |

らに効果があります。グループで行うメリットは、

○　他のメンバーに"怒り"を共有してもらえること。
○　例えばこんな些細なことで"怒り"を感じたりするのか、と
いった他メンバーの気づきがあること。
○　他者の"違った考え"を知ることができること。
○　発表者から"違った考え"が出てこなかった場合に、他にもっ
といい考え方はないか？　と一緒に考えてもらえること。
○　相手はこうすべきだといった他罰的な考え方を一緒に変える体
験を共有できること。

などがあります。
　このシートを使用する場合の注意点は、子どもが出した"違った
考え"を否定しないことです。大切なのは柔軟に"違った考え方"
を出すことですので、どの考えがいいかは子ども自身に決めさせま
す。もし考え方を否定してしまうと柔軟に"違った考え"が出てこ
なくなる可能性があります。

---

## ②　対人マナートレーニング

　子どもの対人スキルを向上させることは大きな課題の一つです。
ところで対人スキルはコミュニケーション力そのものと言えます。
そこでコミュニケーション力を向上させればいいわけですが、それ
はとても困難です。なぜならコミュニケーション力はその人が長年
培って作ってきた結果であり、いわばそれまでの人生の結集とも言
えるものだからです。それを子どもたちに身につけさせようとする
こと自体が極めて困難なのです。
　ではどうするかですが、コミュニケーション力はいくつかの基本
的なスキルから構成されています。その一つが**対人マナー力**です。
対人マナーとは、例えば、挨拶、お礼、謝罪、人にものを頼む、断
る際にどのような言葉をどう使うかなどの言語的なスキルから、そ
れらの言葉をかける際に必要な、適切な「表情」「視線の向き」「相
手との距離」「話すタイミング」など非言語的なスキルもあります。

これらの対人マナーは練習をすれば比較的早く身につきますし、これを向上させることでコミュニケーション力の向上にもつながります。ですので、ここでつまずいている子どもがいればまず対人マナーからトレーニングしましょう。
　以下に「謝罪するスキルのトレーニング」の例をあげます。

### 謝罪するスキルのトレーニングの例

　A君とB君は、A君の家で一緒に遊んでいました。A君がトイレに行ったときにB君はA君の作った模型を触っていて壊してしまいました。A君がトイレから戻ってきました。まだA君はその模型のことを知りません。B君はA君に謝ることにしました。

## 😣 うまくいかなかった例

A君は「許さない」と怒りました。B君はどのように謝ったか想像してみましょう。

以下の☐の点も考えてみましょう。

① 謝るタイミング
② A君との距離
③ 視線や身体の向き
④ B君の表情
⑤ B君の声の大きさ、話すスピード

## 😄 うまくいった例

A君はしぶしぶ許してくれました。B君はどのように謝ったか想像してみましょう。

以下の☐の点も考えてみましょう。

① 謝るタイミング
② A君との距離
③ 視線や身体の向き
④ B君の表情
⑤ B君の声の大きさ、話すスピード

まずうまくいかなかった例を考えてもらいます。壊したのがわざとではないにしても、自分だったら、こう言われたら、こうされたら、どんなに謝っても許さないという不適切な方法について四角で囲んだ点（非言語的スキル）にも注意しながら挙げてもらいます。そのことで自分もこれまで不適切な謝り方をしてこなかったかを学んでもらいます。次に、では自分ならどう言われたら、どのようにされたら許すか、を同様に考えてもらうことで、自分が謝る際に気をつけることを学んでもらいます。

　謝る中身に関しては次項の「問題解決トレーニング」にも分類されますので、ここでは主に四角の非言語的スキルの観点から考えてもらいます。以下に子どもたちが考えるべきそれぞれのポイントについて説明していきます。

① 　謝るタイミング

　A君が気づく前にすぐなのか、気づいた後なのか、ずっと気がつかないのであれば帰り際か、翌日か、A君が気づくまで謝らないか、など何度かタイミングがありますが、不適切と思うタイミングはなぜ不適切なのかを考えさせます。

② 　A君との距離

　謝る際には相手とどのくらいの距離を取ればいいのか、遠すぎたり近すぎたりするとなぜ不適切なのかを考えてもらいます。

③ 　視線や身体の向き

　B君がA君と視線を合わせない、B君の身体の向きがA君の方向を向いていない、などがなぜ不適切なのか考えてもらいます。

④ 　B君の表情

　無表情、笑顔、怒っている顔、悲しい顔など、どのような表情が適切で、どのような表情が不適切なのか考えてもらいます。

⑤ **B君の声の大きさ、話すスピード**

声の大きさを１〜５段階に設定して、１をヒソヒソ声、５を大声とするとこの場合の謝罪にはおそらく２〜３くらいの声が適切と思われますが、なぜそれ以外は不適切なのかを考えてもらいます。話すスピードも同様に行います。

## ③ 問題解決トレーニング

私たちは日常生活において行動を決定する際、問題を解決する作業を数多く行っています。簡単な問題であればすぐに判断し行動に移すので問題解決を行っていること自体に気づかないでしょう。一方で対人関係が絡んだ問題は相手の反応も予想しなくてはならず困難さを伴います。何かの問題が生じた時、通常、対処すべきいくつかの解決案を考え、次にその中からどの解決案が最もうまくいくかを検討し、選択して実行します。そして結果が成功したらそのまま続けますし、失敗すれば修正して違う解決案を選び直します。結果からのフィードバックや修正を含めたこの一連の流れが問題解決法の手順です。ここでもし思考が硬く柔軟でないと、いい解決案が少ししか出てきません。少ししか出てこないと最適な選択案かどうか分かりませんし、また過去の失敗が生かせず何度も同じ誤りをしてしまうのです。ここでは柔軟な解決案が出せることを目指した問題解決トレーニングの例をご紹介します。

問題解決トレーニングの課題には、困った状況があって、

**(a) 解決すべき目標がすでに決まっていてその目標に向かって方略を考えていく課題**

**(b) 目標が決まっておらず目標から考えていく課題**

がありますが、まずは (a) のすでに目標が決まっている課題から始めていきます。なぜなら目標の設定自体が不適切なケースがあるからです。次頁以下に (a) (b) の例を示します。

## （a）目標が決まっている課題の例

　放課後、4人でくつ箱の掃除当番です。A君が、やらなくてもバレないから帰ろうと言いました。僕は班長なので、「ダメだよ。掃除しよう」と何度も言いましたが、みんな帰ってしまいました。一人では大変なので僕も帰りました。

　翌日4人は先生に呼び出され怒られました。
　先生は僕に「班長なのだからしっかりまとめて」と言いました。
　他の3人は反省していない様子です。僕が怒られているのを笑っています。
　今日の放課後も掃除当番です。僕は他の3人にも掃除をしてもらいたいと思いました。

〜　ここで時間が流れます　〜
・・・
・・・
・・・
・・・

 **目標　4人でしっかり掃除をしました。**

● 進め方

　同じ班の子が掃除をしてくれないといった困った状況があったのですが、時間が経ってみると4人でしっかり掃除をした、と目標が解決していました。そ

こで「・・・」にはいったいどのようなことがあったでしょうか。考えて短い話を作ってみましょう。

● **注意点**

偶然、問題が解決したという話（例えば、3人の機嫌がよく急に掃除を始めた……など）は自分で問題を解決したことにはならないので適切ではありません。また、他にも非現実的な方法（他のみんなに魔法をかけた、など）、ずるい方法（掃除したらお金をあげる、など）、道徳的によくない方法（掃除をしなかったら殴る、など）などもよくありません。ここでは例えば、

「僕が3人のうちの一人に、もし君が班長になって他のみんなが掃除しなかったらどう思う？　と聞いてみた。するとその子はしばらく考えて"それは嫌だ。分かった。他の子にも掃除するように言うよ"と言ってくれて、他の3人も掃除をしてくれることになりました」

といったように、何か自分でいい方法を考えて行動を起こしてみた結果どうなるか、などが適切でしょう。

## （b）　目標が決まっていない課題の例

A君はB君のパーティに招待されましたが、そこで知っているのはB君一人だけでした。しかしB君は他の人と話していてとても忙しくしていました。A君は他に話す人がいなくて一人で立っていました。

## ● 進め方

以下の順にそって、考えていきましょう。

○ 何が起きているでしょうか？

_____

○ それぞれどんな気持ちになっているでしょうか？

A君 _____

B君 _____

○ どうなったらいいでしょうか？

_____

○ どうやって解決したらいいでしょうか？

⇨　どうなると思いますか？

1. _____

　⇨ _____

2. _____

　⇨ _____

3. _____

　⇨ _____

4. _____

　⇨ _____

5. _____

　⇨ _____

○ あなたならどの方法を選びますか？

_____

○ それを選んだ理由は？

_____

## ● 注意点

　目標の設定はここではＡ君が楽しく過ごせることですが、最初から諦めて、Ａ君が早くパーティから帰ることを目標にするのは適切ではありません。また問題の解決策は子どもによってさまざまです。非現実的な方法や非道徳的な方法が出てきても、そこは一つの案として挙げてもらい、果たしてそれでうまくいくのかを考えてもらいます。現実的な方法か、ズルくないか、本当にそれで解決するのか？等が解決策の目安となります。以下に解答の例をあげます。

---

○何が起きているでしょうか？
　　Ａ君はパーティで独りぼっちになっている

○それぞれどんな気持ちになっているでしょうか？
　　Ａ君　さびしい　　　　　Ｂ君　Ａ君にも楽しんで欲しいけど忙しい

○どうなったらいいでしょうか？
　　Ａ君が楽しく過ごせる

○どうやって解決したらいいでしょうか？
　　⇨　どうなると思いますか？
1.　ずっと食事をしている
　⇨　楽しくない
2.　近くの人に話かける
　⇨　会話が続かないかもしれない
3.　誰か話しかけてくれるまで待つ
　⇨　誰も来てくれないかもしれない
4.　面白くないので帰る
　⇨　翌日Ｂ君に文句を言われるかも
5.　Ｂ君に誰か紹介してもらう
　⇨　Ｂ君だったら紹介してくれそう

○あなたならどの方法を選びますか？　　　5
○それを選んだ理由は？　　一番うまくいきそうで楽しめそうだから

# 3 学習面への支援

 認知機能向上への支援

　認知機能の大切さはPart 1の第2節でご説明した通りです。認知機能の弱さが学習へのつまずきにつながってきますので、ここでは学習面への支援として認知機能向上のための支援についてご紹介します。近年、学校教育においても認知機能面への介入の必要性が認識されるようになり、そこで気になる子どもには心理発達検査でWISC検査などの知能検査が施行され、その結果が担任の先生にも伝えられるようになってきました。私も某市の発達支援センターで子どもの発達相談を行っておりますが、事前にWISCを心理士さんに取ってもらいます。そこで次のような小学3年生の男児K君が母親に連れられ相談に来られました。

❖ 相談ケース
○ 漢字や計算がなかなか覚えられない。覚えてもすぐに忘れてしまう。
○ 計算の繰り上がりができない。
○ 黒板が写せない。
○ 文章をひと塊で読めない。

　WISCの結果は全体的なIQは特に問題なかったのですが、4つの下位検査（言語理解、知覚推理、ワーキングメモリ、処理速度）のうちワーキングメモリだけが70台と低かったのです。ワーキングメモリとは情報を一時的に保持する脳機能で「心のメモ帳」とも言えるものです。そこで上記の相談内容はワーキングメモリが低いことに原因があると思われました。しかし、ここでいくらWISC検査の結果が出ているからといって学校の先生に、「ワーキングメモリが低いことが原因でした」と伝えても一体何ができるでしょうか？

ワーキングメモリが低いと言っても上記の相談内容とどう関連しているのか感覚的に理解するのがとても難しいのです。また具体的にどうやってワーキングメモリを含む認知機能を向上させることができるのか学校教育現場ではとても困難なことです。

 **COGET（認知機能強化トレーニング）の活用**

そこでこの節では認知機能向上への支援として著者が医療少年院で約5年の歳月をかけ開発し一定の効果が得られている「**COGET**（Cognitive Enhancement Training：**認知機能強化トレーニング**）」についてご紹介していきます。COGETは認知機能を構成する5つの要素（記憶、言語理解、注意、知覚、推論・判断）に対応する、**「覚える」「数える」「写す」「見つける」「想像する」**の5つのトレーニングからなっています。教材はワークシートからなり、紙と鉛筆を使って取り組みます。以下にワークシートの一例を示します。

① **写す**［点つなぎ：みる力（視覚認知）の基礎力をつけます］

上の図を下にフリーハンドで写します。

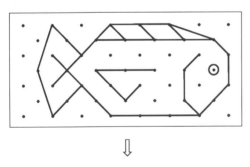
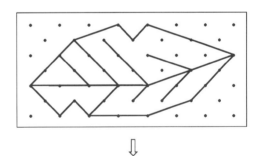
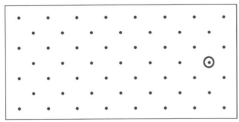
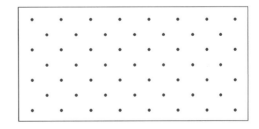

## ② 覚える ［最初とポン：きく力（聴覚のワーキングメモリ）をトレーニングします］

出題者が3つの文章を読み上げ、対象者に最初の単語だけを覚えてもらいます。ただし、動物の名前が出たら手を叩きます。

> <u>イヌ</u>の家に代々伝わる魔法の杖がありました。
> <u>大急ぎ</u>で<u>キツネ</u>は杖を取ろうとしました。
> <u>杖</u>を取ろうと<u>ウサギ</u>が手を伸ばします。
> 　　　　　　　　　　　答え（イヌ、大急ぎ、杖）

## ③ 数える ［記号さがし：注意・集中力、ブレーキをかける力、処理速度の向上を目指します］

リンゴの数を数えながら、できるだけ早くリンゴに✓をつけます。ただしリンゴの左に上の囲みの中にある記号（下の例では、雪ダルマ、てるてる坊主、ニコちゃんマーク）がある場合には数えず✓もつけません。

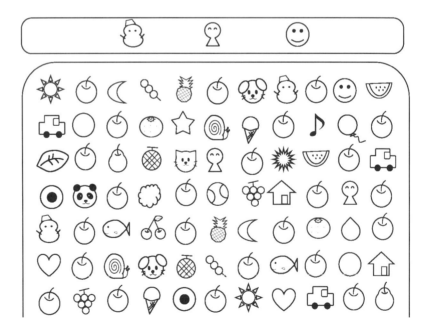

④ **見つける** [形さがし：黒板を写せるなど、形の恒常性の力をつけます]

点の集まりの中から正方形の配置を見つけ、線で結びます。

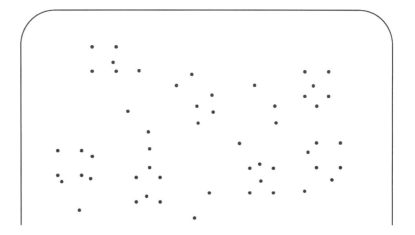

⑤ **想像する** [心で回転：相手の立場を想像するなど、心的回転力の力をつけます]

手前のあなたから見た立体図はイヌさん、ウシさん、ウサギさんから見たらどう見えるか下の図から選びます。

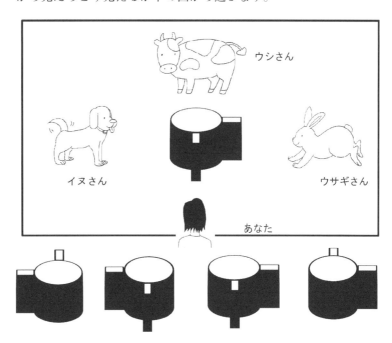

## ♻ COGET（認知機能強化トレーニング）の活用例

　このCOGETの特徴としてこれらのワークシートを使用して子どもの苦手な箇所をアセスメントすることもできます。そこで、相談に来た小学3年生のK君に、ワークシートを何枚かやってもらいました。

### ① 「写す」の例

　「写す」にある"点つなぎ"の課題では右半分は何とか写せていますが左半分はうまくいきません。これですと漢字を覚える以前の問題があります。漢字の構造はもっと複雑で下の模写課題のように点のガイドもありません。漢字の形が認識できていない、模写の力に問題がある、など可能性がありますのでまずはこのような点つなぎの課題がしっかりできるようになることが先だと思われます。

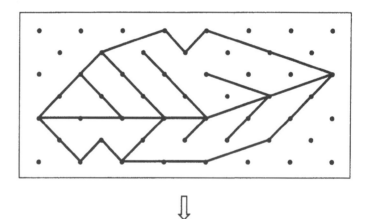

⇩

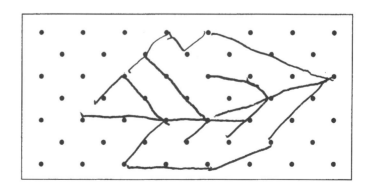

## ② 「見つける」の例

「見つける」にある"形さがし"というワークシートは、散在した点の中から正三角形を見つけて囲むという課題ですが、これは形の恒常性の力をみています。上の方の点群で何とか正三角形を見つけて囲めていますが下の方では違った三角形を囲んでいます。ここでつまずいていると黒板を写したりすることも困難になってきます。黒板をノートに写すには、例えば黒板にある図形とノートに写す図形は、場所や大きさが変わっても同じ形である、ということを認識する力（形の恒常性）が必要だからです。

下の中に  が１０組あります。それらを見つけて

 のように線でむすびましょう。

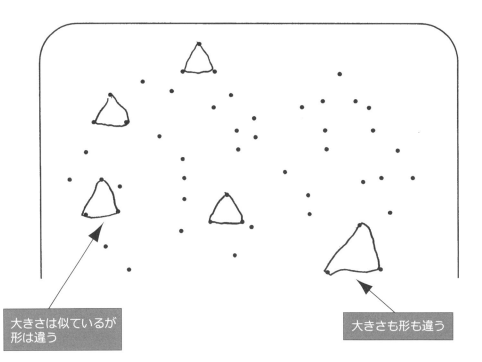

大きさは似ているが形は違う

大きさも形も違う

## ③ 「覚える」の例

「覚える」にある"数字はどこ？"という課題です。これは4×4の桝目にランダムに配置された1～5の数字を10秒間見せた後、隠し、どこにどの数字があったか思い出して書いてもらう課題で、視覚性の短期記憶をトレーニングします。この課題でもK君は正確に覚えることができません。黒板を写すには視覚性の短期記憶も必要ですので、ここでもつまずいていることが分かります。

## ④ 「数える」の例

(1) 「数える」にある"まとめる"という課題で、☆を5個ずつ〇で囲みながら、〇と星の数を数えていきます。数を量としてとらえる練習ですが、K君の場合、〇が長細い囲みになっていて、☆を一つずつ数えておりまだ数を一塊に捉えることができていません。

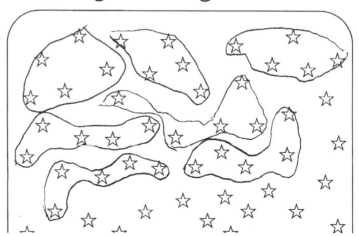

最初に繰り上がりを教える際には例えば「5＋7＝?」の場合ですと、下図のように10個入りの箱に、すでに5個の星が入っているので残りあと何個入るか視覚的に当てはめさせ、残った☆の数が2個なので、答えは10＋2＝12だとすれば理解しやすいです。この際は数を記号としてではなく量としてとらえる力が必要です。ですので、K君の上のような数え方では、繰り上がりが理解しにくくなかなか身につかないものと思われます。

10個入りの箱　　　7つの星　　　10個入りの箱　　あまり2

≡ あまり2

(2)「数える」にある"あいう算"という課題です。これは問題の答えが合っていても回答欄に写す際に間違えて失点になることをなくすための課題です。やり方として1つ目の「あ」は「3＋5」で8ですので、下の8の欄に「あ」と書きます。2つ目の「い」は「4＋2」で6ですので、下の6の欄に「い」と書いていきます。このようにして、「あ～を」まで（次頁の例は一部抜粋）順に上の表の計算をしながら答えを下の（　）に書いていく課題です。これには一旦計算の答えを記憶しておいて下の欄を探し、答えを書いていかねばなりませんので、ワーキングメモリの力が必要になってきます。

K君の場合、「あ」も「い」も問題ありませんでしたが、「う」の「6＋8」を14と何とか計算はできたのですが、14の欄に「う」と書く際に間違って12の欄に「う」と書いてしまいました（ワーキングメモリの弱さによる1つ目の間違い）。しかしその後に間違いに気がついて、14の欄に書き直そうとしましたがさらに間違えて「え」と書いてしまったのです（ワーキングメモリの弱さによる2つ目の間違い）。そして本人の中では「え」は終わってしまいましたので、次は「お」から続きをやっていきました（ワーキングメモ

計算の答えと同じ数字の(　)に、「あ〜を」を入れましょう。

| あ | 3＋5 | た | 9＋9 | ま | 5＋5 |
| い | 4＋2 | ち | 3＋9 | み | 7＋6 |
| う | 6＋8 | つ | 2＋5 | む | 7＋8 |
| え | 1＋4 | て | 6＋7 | め | 6＋5 |
| お | 2＋1 | と | 4＋5 | も | 1＋3 |

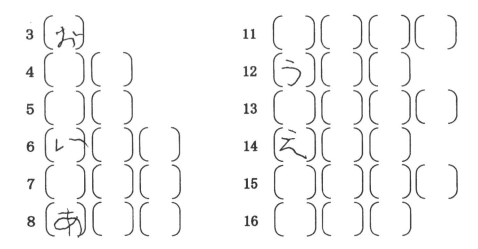

リの弱さによる3つ目の間違い）。このような感じで、この"あいう算"の最初の5つだけで3回誤りが生じたのが分かります。これが彼のもつワーキングメモリの弱さから生じる学習時のつまずきなのです。

　一概に"ワーキングメモリが弱い"と言われてもなかなかイメージし難いですが、具体的にどういうところに表れるのか分かれば具体的な支援につなげることができます。

### COGETによる機能的アプローチの効果

　これらの例のようにCOGETは子どもがどこでどのように学習においてつまずいているのかがアセスメントできる機能があります。そこで見つかったつまずきは実際にできなかった同種のワークシートを中心に難易度も調整しながら何度もトレーニングすることで、つまずきが克服できるように作成されています。

　現在、学校の中で生じている子どもの不適応行動（多動、離席、落ち着きがない、順番が待てない、攻撃的、友だちとうまくいかな

い、勉強のやる気がない、等）に対してこれまで主に心理的・行動的アプローチ（ほめる、自信をつけさせる、ルールを作る、短い言葉で伝える、スモールステップ、宿題を減らす、支援員をつけるなど）が教育現場で主流に行われてきていますが、それでもなかなか変化の見られない子どもたちの存在に先生方は疲弊されておられます。ここでもし不適応の原因が認知機能の弱さ（きく力が弱く指示が入らない・言っていることが分からない、勉強が分からない、自分の気持ちを伝えることができない、友だちとコミュニケーションができる力がない、など）にあるとすれば認知機能の強化（機能的アプローチ）でこれらの不適応症状が軽減する可能性もあります。前者のアプローチは対症療法的アプローチに近く、後者は根本療法的アプローチに近いと言えます。

なお先に紹介したCOGETは『コグトレ――みる・きく・想像するための認知機能強化トレーニング』（宮口幸治著、三輪書店）に詳しく収録されていますので是非そちらをご覧ください。

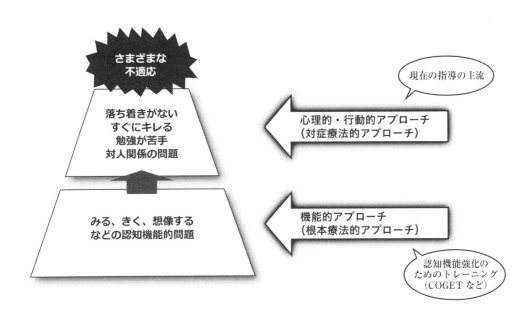

# 4 身体面への支援

 認知作業トレーニング COGOT

　身体的不器用さをもった子どもの生きにくさはPart 1の第7節でお伝えしたところですが、では実際にどう支援していけばいいのかはとても難しい問題になります。現在、少しずつ身体的不器用さの背景にある発達性協調運動症（DCD）について認識されてはきましたが、支援法については、これまでもいくつか提唱されてきたものの、これといった支援法が確立されておらず試行錯誤の状態が続いているというのが現状です。DCDの治療を専門としている機関の少なさはもちろんのこと、診断できる医師も極めて少ない状況です。だからといって不器用な子どもたちを放っておくわけにはいきません。

　そこでここで身体機能に認知面からのアプローチも組み合わせた新しいタイプのトレーニング方法「**認知作業トレーニング**

**自分の身体**
① 身体を知る
② 力加減を知る
③ 動きを変える

**物と自分の身体**
④ 指先を使う
⑤ 物をコントロールする

**人の身体と自分の身体**
⑥ 動きを真似る
⑦ 動きを言葉で伝える

(Cognitive Occupational Training：**COGOT**)」をご紹介します。これは著者が不器用な非行少年たちをみて円滑な社会復帰のために何とか少しでも改善させねばとの思いから、外部の作業療法士の先生方に何度も少年院に来てもらって共に改良に改良を重ねながら作り上げたトレーニングです。COGOT の特徴は、指導者が一方的に介入指導する既往の身体プログラムとは異なり、支援者が対象者の認知機能にも働きかけ、適切なフィードバックを行っていく点です。対象者がその運動に失敗すれば、次からはどうするのがいいか、成功すればどこがよかったのか考えるなどを支援していきます。COGOT は以下の3領域（**「自分の身体」「物と自分の身体」「人の身体と自分の身体」**）に含まれる7つのトレーニング（**身体を知る、力加減を知る、動きを変える、物をコントロールする、指先を使う、動きを真似る、動きを言葉で伝える**）からなります。

以下にトレーニングの一部の例をご紹介します。

**自分の身体**

**① 身体を知る**［ボディイメージ・バランス感覚の向上］

新聞で作った棒を使い、さまざまな動きを通して身体のボディイメージを高めます。

手に力が入っていると、
上手に曲がりません

## ② 力加減を知る［筋力調整］

壁を全力で押してみて、どのような姿勢で押すのが最も力が入りやすいかを考えます。力加減を知るためにまずは全力を出すことについて学びます。

## ③ 動きを変える［身体的注意力の向上］

まず、図の上側に示した色と絵について、ルールを覚えます。左側の３色について、赤なら"止まる"、黄色は"走る（その場で駆け足）"、青は"歩く（その場で足踏み）"、次に右側の絵について、ウシなら"歩く"、イヌなら"走る"、ウサギは"ピョンピョン跳ぶ"、木は"止まる"と色や絵によって異なる動作を覚えてもらいます。そして、スクリーンに色の背景のある絵を次々に映していきます。指導者が「色」と言えば、参加者は色の動きに従い、「絵」と言えば絵の動きに従います。スクリーンの代わりに色の背景のある絵を画用紙で作り一枚一枚手でめくっていく方法もあります。

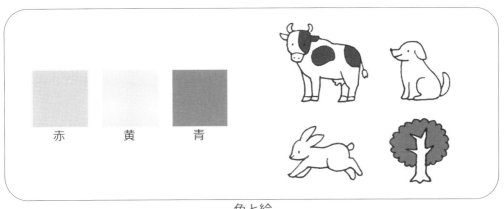

色と絵

色と絵の組み合わせは
3×4=12通りです

実施の例

### ♻ 物と自分の身体

### ④ 物をコントロールする ［協調運動（粗大運動）の向上］

　新聞棒を使いさまざまな運動を通して粗大な協調運動の力を向上させます。上は一人で行う棒回転、下はグループで行うキャッチ棒です。連続して投げて落さないようにキャッチするにはどうすればいいか考えさせます。

棒回転

キャッチ棒

⑤　指先を使う［協調運動（微細運動）の向上］

　チームを作って積木をできるだけ高く積み上げます。最も高く積み上げたチームが勝ちです。ただし90秒という時間制限があり、積み上げすぎると崩れます。他のチームをよく観察しながらどこで止めるかなどの戦略が必要です。積木の代わりに爪楊枝でも代用できます。

# Part2 具体的支援と学校教育との連携

他のチームをよく見ましょう

 **人の身体と自分の身体**

**⑥　動きを真似る**［動作の記憶］

前に立った人の立場になって真似をします。鏡ではありません。静止した姿位や連続動作があります。

4 身体面への支援

107

## ⑦ 動きを言葉で伝える［動作の言語化］

　2人1チームになって、伝える側と伝えられる側に分かれます。伝える側だけにあるポーズを見てもらい、しっかり覚えたら伝えられる側のペアに言葉だけでそのポーズを伝えます。伝えられた側はそのポーズがイメージできたら、前に出てきてもらって一斉にポーズを披露します。

しっかり見て覚えます

パートナーに正確に伝えます。このとき身ぶり、手ぶりを使ってはいけません

正解!!

皆OKなら一斉に提示！
さあ、正解はどのチーム？

この認知作業トレーニングのその他の特徴として、使用する道具が新聞棒や爪楊枝など費用がほとんどかからないこと、頭を使いながら身体を動かすため注意・集中力のない子どもたちへの身体的トレーニングとして使えること、また認知症予防にも効果が期待されること、そして何よりやっていて楽しいということです。

このトレーニングのワークショップを定期的に東京・大阪で実施しています。ご興味ある方はコグトレ研究会ホームページ（http://www.cogot.net）でご案内していますのでそちらをご覧ください。なおこのトレーニングは『不器用な子どもたちへの認知作業トレーニング』（宮口幸治・宮口英樹編著、三輪書店）に詳しく収録されています。

## 5 家庭への支援

### 保護者が嫌う言葉

　　　　　　子どもを支援するためには保護者に元気になってもらってやる気になってもらうことが鍵だとPart1の第9節でお伝えしましたが、そこで支援者が気をつける必要があり、よく使ってしまう言葉であり、そして親が嫌う言葉があります。例えば次のようなものです。

　　　　　先生は悪気なく子どものことを思って保護者に気持ちを誠実に伝えようとしています。これらの言葉で頑張ろうと思う保護者もいるのも確かです。しかし保護者の中には言われることは十分に分かってはいてもこれ以上できない場合もあります。その状況の中でさらに「こうしてあげてください」「ああしてあげてください」と言われると保護者はできない自分を責めると同時に自分の子どもが可愛く思えなくなることもありますので逆効果です。しかし、子どものことをほめるだけでは「やはり先生はこの子の問題点を全然分かってくれていない」と感じたりして保護者のそれまでの心労を受け損ねることもあります。ですので、保護者のペースを観察し、基本的

には保護者のやり方を否定しないこと、無理に保護者を変えようとせず共に子どもの成長を目標にすることなどが必要かと思われます。長年、家族内で試行錯誤をしてきた歴史があり、何とか切り抜けてきたこともあるはずですので、保護者の対応を支援のヒントにすることがあってもいいでしょう。

　また保護者自身も認められたいという気持ちを強くもっています。これまでの苦労に慰労の言葉をかけてあげるだけでもまた頑張ろうという気持ちになってくれることもあります。その他にも、自分の子どもにとっての自分の役割が分かったときも、まだ保護者としてやるべきことが残っていると知り、大きな力になってくれる可能性があります。

# 6 支援者支援

 **職場の理解**

　私が少年院でトレーニングを始めた頃、少年たちの状況や態度以上に戸惑ったのが、他の少数の職員の目でした。法務省矯正局は恐らくかなり保守的な機関の部類に入るでしょう。「いきなり外からきた医者が訳の分からないトレーニングを始めた」「研究目的でデータを取りに来たんじゃないか？」「少年たちは嫌だと言っていますよ。○○先生も実はやりたくないって言っていますよ」「皆、批判的ですよ」などと間接的に伝えてくる職員もいました。これがかなりこたえました。間接的に批判的な言葉を聞くというのはまさにウインザー効果と呼ばれるもので、これはそう伝えてきた職員以外にも批判的な職員がいることを想像させるのです。そしてついにはその施設の職員全体が批判的なのだと錯覚してしまうのです。しかし数年後新しい女性の首席がやってきて「私はこのトレーニングは素晴らしいと思う。少年たちに必要と思う」と皆の前で大きな声で伝えてくれ、それからはいろいろ言ってくる職員はいなくなり、救われた経験があります。

　子どものために何かしようと思っても、それがいくら正しいことだとしても、やはりまずは職場の理解を得ることが大きいのです。これは学校の先生方でも同じでしょう。現在、学校コンサルテーションをやっていて時々ありますが、「あのケースがうまくいっていない原因は実はあの担任教師の指導力不足にある」と後で管理職からこっそり伝えられたりします。他にも「自分が担任だったときは問題がなかった」と皆の前でその担任の指導力を間接的に疑うということも多々あります。たとえそうだとしても、それを職場全体で支えていくのが管理職や他の教員の役割ではないか、と思います。

　困っている子どもへの支援を考えるよりも犯人探しを優先している学校はどこか雰囲気がギスギスしています。一番の被害者は子ど

もたちと言えるでしょう。そうしている間に新たな2次障害の子どもを作っているのです。先生どうしでお互いの「いい所探し」をやってほしいものです。

### 教師の権威の低下

最後に、学校で子どもを支援する上で最も大切なのが教職員のメンタルヘルスへのケアだと思います。今の学校の先生方は疲れすぎているように思えます。一つに教師の権威の低下が深刻です。その原因の一つが、われわれ大人が先生の悪口を子どもの前で言いすぎることでしょう。私が子どもの頃は先生への愚痴を母親に言おうものなら、母親から「先生に向かって何てこと言うの！」と逆に怒られました。私が小学2年生の時に先生から些細なことで授業中に皆の前で往復ビンタをされたときでも母親からは「あなたが悪い」と言われました。学校の先生はすごい存在でした。だから先生から「あの子をいじめるな」と強い口調で言われると皆素直に従いました。先生の言うことは絶対でした。

今は子どもが学校で何か理不尽な扱いを受けると、保護者が自分も馬鹿にされたと感じ、すぐにクレームをつけに行きます。保護者自身も子育てに自信がなく保護者自身も認められたいのです。そんな負い目が保護者にあるので子どものために何かしてあげなければと思ってクレームをつけにいきます。そして子どもの前で教師に謝らせたりします。すると「子どもは先生を馬鹿にする」「先生の言うことを聞かない」「先生を信用しない」、そんな状況が生まれ、先生たちはどんどん追いつめられますます指導力の低下を招きます。

また保護者の中には、先生に「この子が悪いことしたら叩いてやってください」と頼んでくる方がいるそうです。そこで先生が叩いたら、「叩いてくれとは言った。でも体罰してくれとは言っていない」と言われたそうです。やはり家庭での教育力が低下していると思います。それを学校にそして担任に責任を押しつけるのはどうかと思います。

精神科医にとっても大切なのは自分自身の心の健康です。でないと患者さんのことまで真摯に余裕をもってみることができません。私が、子どもたちの診察をしていて一番こたえたのが、子どものためによかれと思ってやったことに対して親から罵倒された時です。

精一杯頑張っても「余計なことをするな、先生が余計なことを言ったからもっと悪くなった」「余計な薬を飲ますな」などと言われたこともあります。すると親の顔色をうかがって治療するようになったり、いいと思っても余計なことをしないという守りの姿勢に入ってしまったりすることもあります。学校の先生方も、子どものことを考えるよりも自分を守ることで精一杯ではないでしょうか。

## 教師の評価

　教員をやっている友人から聞いたのですが、彼は教師の体罰の一つの原因として、教師が子どもの心を育てたとしても評価されないことだ、と言っていました。確かに先生が子どもの心の育成に一生懸命力を注いでも、心の成長が点数化されるわけではありません。それより、"部活で優勝した""賞を取った"ということが評価されます。教師も認められたい気持ちがあります。そして目に見える結果を出さないといけない、それで焦ってしまい体罰などにつながるのではとその友人は言っておりました。確かに、子どもの心の成長を評価するのはとても難しいことです。もっと難しいのはそれを頑張った先生を評価してあげることでしょう。

**著者紹介**
**宮口 幸治**（みやぐち・こうじ）
立命館大学産業社会学部・大学院人間科学研究科教授。医学博士、日本精神神経学会専門医、子どものこころ専門医、臨床心理士、公認心理師。京都大学工学部卒業、建設コンサルタント会社勤務の後、神戸大学医学部医学科卒業。大阪府立精神医療センターなどを勤務の後、法務省宮川医療少年院、交野女子学院医務課長を経て、2016年より現職。児童精神科医として、困っている子どもたちの支援を教育・医療・心理・福祉の観点で行う「日本COG-TR学会」を主宰し、全国で教員向けに研修を行っている。
著書に『性の問題行動をもつ子どものためのワークブック』『教室の「困っている子ども」を支える７つの手がかり』（明石書店）、『不器用な子どもたちへの認知作業トレーニング』『コグトレみる・きく・想像するための認知機能強化トレーニング』（以上、三輪書店）、『１日５分！教室で使えるコグトレ困っている子どもを支援する認知トレーニング122』『もっとコグトレさがし算60 初級・中級・上級』『１日５分教室で使える漢字コグトレ小学１〜６年生』『学校でできる！ 性の問題行動へのケア』（以上、東洋館出版社）、『ケーキの切れない非行少年たち』（新潮社）などがある。

教室で困っている発達障害をもつ子どもの理解と認知的アプローチ
――非行少年の支援から学ぶ学校支援

2017年２月14日　初版第１刷発行
2020年３月31日　初版第４刷発行

著　者―――宮口幸治
発行者―――大江道雅
発行所―――株式会社 明石書店

〒101-0021　東京都千代田区外神田6-9-5
電　話　03（5818）1171
ＦＡＸ　03（5818）1174
振　替　00100-7-24505
http://www.akashi.co.jp/

装　幀―――明石書店デザイン室
印刷所―――株式会社文化カラー印刷
製本所―――協栄製本株式会社

（定価はカバーに表示してあります）　　　　　　　　　ISBN 978-4-7503-4458-4

JCOPY 〈出版者著作権管理機構　委託出版物〉
本書の無断複製は著作権法上での例外を除き禁じられています。複製される場合は、そのつど事前に、出版者著作権管理機構（電話 03-5244-5088、FAX 03-5244-5089、e-mail: info@jcopy.or.jp）の許諾を得てください。

# 教室の「困っている子ども」を支える7つの手がかり

この子はどこでつまずいているのか？

宮口幸治／松浦直己 [著]

A5判／並製／96頁　◎1,300円

すぐキレる子、授業中立ち歩く子等々、ともするとクラスの"問題児"となる子どもたちを支えるには、教師はどのような考え方・接し方をすればよいのか。①行動面、②感情面、③心理面、④認知面、⑤身体面、⑥保護者協力、⑦支援者連携の7つの手がかりをもとに解説。

【内容構成】

**Part1　困っている子どもを支える7つの手がかり**

**Part2　7つの手がかり**

手がかり①　行動が落ち着くための手がかり【行動面】

手がかり②　気持ちが落ち着くための手がかり【感情面】

手がかり③　前向きな考え方ができるための手がかり【心理面】

手がかり④　勉強で困らないための手がかり【認知面】

手がかり⑤　身体がうまく使えるための手がかり【身体面】

手がかり⑥　保護者とうまく協力するための手がかり【保護者協力】

手がかり⑦　支援者連携がうまくいく手がかり【支援者連携】

〈価格は本体価格です〉

# 性の問題行動をもつ子どものためのワークブック

## 発達障害・知的障害のある児童・青年の理解と支援

宮口幸治、川上ちひろ ［著］

B5判／並製／ 152頁　◎2,000円

発達障害や知的障害をもち、性の問題行動のある子どもたちに対して、彼らの人生を振り返り意味づけをさせ、さまざまな気づきが得られ、発達特性を考慮した"少しでもわかりやすく"、"やる気が出るように"、そして"よりよく生きられる"ことを目標にした画期的ワークブック。

【内容構成】

　まえがき
　はじめに

**ワークシート**

　1 ルールと目標を決めよう／2 自分を知ろう／3 身体を知ろう／4 生命の誕生について学ぼう／5 すてきな男性・すてきな女性になろう／6 相手の気持ちを考えよう／7 あなたの性への考え方は?／8 なぜ性の問題行動を起こしたのかを考えよう／9 性の問題行動を止めよう／10 新しい自分になろう／附録 脳を鍛えよう

**ワークシートの使い方**

**ワークシート[記入例]**

〈価格は本体価格です〉

## イラスト版
# 子どもの認知行動療法

《6〜12歳の子ども対象　セルフヘルプ用ガイドブック》

子どもによく見られる問題をテーマとして、子どもが自分の状態をどのように受け止めればよいのか、ユーモアあふれるたとえを用いて、子どもの目線で語っています。問題への対処方法も、世界的に注目を集める認知行動療法に基づき、親しみやすいイラストと文章でわかりやすく紹介。絵本のように楽しく読み進めながら、すぐに実行に移せる実践的技法が満載のシリーズです。保護者、教師、セラピスト、必読の書。

① だいじょうぶ 自分でできる　**心配の追いはらい方ワークブック**

② だいじょうぶ 自分でできる　**怒りの消火法ワークブック**

③ だいじょうぶ 自分でできる　**こだわり頭 [強迫性障害] のほぐし方ワークブック**

④ だいじょうぶ 自分でできる　**後ろ向きな考えの飛びこえ方ワークブック**

⑤ だいじょうぶ 自分でできる　**眠れない夜とさよならする方法ワークブック**

⑥ だいじょうぶ 自分でできる　**悪いくせのカギのはずし方ワークブック**

⑦ だいじょうぶ 自分でできる　**嫉妬の操縦法ワークブック**

⑧ だいじょうぶ 自分でできる　**失敗の乗りこえ方ワークブック**

⑨ だいじょうぶ 自分でできる　**はずかしい！[社交不安] から抜け出す方法ワークブック**

⑩ だいじょうぶ 自分でできる　**親と離れて飛び立つ方法ワークブック**

著：①〜⑥ ドーン・ヒューブナー　⑦〜⑨ ジャクリーン・B・トーナー、クレア・A・B・フリーランド
　　⑩ クリステン・ラベリー、シルビア・シュナイダー
絵：①〜⑥ ボニー・マシューズ　⑦ デヴィッド・トンプソン　⑧〜⑩ ジャネット・マクドネル
訳：上田勢子　　　　　　　　　　　　　　　　　　B5判変型 ◎1500円

〈価格は本体価格です〉

# 心の発達支援シリーズ
## 【全6巻】

［シリーズ監修］
### 松本真理子、永田雅子、野邑健二

◎A5判／並製／◎各巻2,000円

「発達が気になる」子どもを生涯発達の視点からとらえなおし、保護者や学校の先生に役立つ具体的な支援の道筋を提示する。乳幼児から大学生まで、発達段階に応じて活用できる使いやすいシリーズ。

**乳幼児**
第1巻 育ちが気になる子どもを支える
永田雅子【著】

**幼稚園・保育園児**
第2巻 集団生活で気になる子どもを支える
野邑健二【編著】

**小学生**
第3巻 学習が気になる子どもを支える
福元理英【編著】

**小学生・中学生**
第4巻 情緒と自己理解の育ちを支える
松本真理子、永田雅子【編著】

**中学生・高校生**
第5巻 学習・行動が気になる生徒を支える
酒井貴庸【編著】

**大学生**
第6巻 大学生活の適応が気になる学生を支える
安田道子、鈴木健一【編著】

〈価格は本体価格です〉

NGから学ぶ 本気の伝え方
あなたも子どものやる気を引き出せる!
宮口幸治、田中繁富著
◎1400円

自閉症スペクトラムの子どもと「通じる関係」をつくる関わり方
言葉に頼らないコミュニケーション力を育てる
牧真吉著
◎1800円

性問題行動のある知的・発達障害児者の支援ガイド
性暴力被害とわたしの被害者を理解するワークブック
本多隆司、伊庭千惠著
◎2200円

発達が気になる子の「ステキ」を伸ばすかかわり方
家庭や地域でできるポジティブ発想
加藤潔著
◎1600円

発達障害白書 2020年版
日本発達障害連盟編
◎3000円

ことばの発達が気になる子どもの相談室
コミュニケーションの土台をつくる関わりと支援
村上由美著
◎1600円

発達心理学ガイドブック 子どもの発達理解のために
マーガレット・ハリス、ガート・ウェスターマン著
小山正、松下淑訳
◎4500円

神経発達症(発達障害)と思春期・青年期
「受容と共感」から「傾聴と共有」へ
古荘純一編 古荘純一・磯崎祐介著
◎2200円

子どもの社会的ひきこもりとシャイネスの発達心理学
ケネス・H・ルビン、ロバート・J・コプラン編
小野善郎訳
◎5800円

不安・恐れ・心配から自由になるマインドフルネス・ワークブック
豊かな人生を築くためのアクセプタンス&コミットメント・セラピー(ACT)
ジョン・P・フォーサイス、ゲオルグ・H・アイファート著
熊野宏昭ほか監修
◎3000円

子どもと青少年のためのマインドフルネス&アクセプタンス
新世代の認知/行動療法実践ガイド
L.A.グリーンSCヘイズ編著
武藤崇監修
伊藤義徳、石川信一、三田村仰監訳
◎3600円

子どもの感情表現ワークブック
考える力、感じる力、行動する力を伸ばす
渡辺弥生編著
◎2000円

いじめの罠にさようなら クラスで取り組むワークブック
安全な学校をつくるための子ども間暴力防止プログラム
キャロル・グレイ、ジュディ・ウィリアムズ著
田中康雄監修
小川真訳
◎1500円

いじめ、学級崩壊を激減させるポジティブ生徒指導(PBS)ガイドブック
期待行動を引き出すユニバーサルな支援
メリッサ・ストーモントほか著
市川千秋、宇田光監訳
◎2400円

家庭や地域における発達障害のある子へのポジティブ行動支援PTR-F
子どもの問題行動を改善する家族支援ガイド
グレン・ダンラップほか著
神山努、庭山和貴監訳
◎2800円

子どもと変える 子どもが変わる 関わりことば
発達障害がある子の「生きる力」をはぐくむ2
場面別指導のポイント
湯汲英史著
◎1500円

〈価格は本体価格です〉